LA MERENDA ITALIANA

con i migliori salumi d'Italia

a cura di • edited by
Sabatino Sorrentino

MARETTI
EDITORE

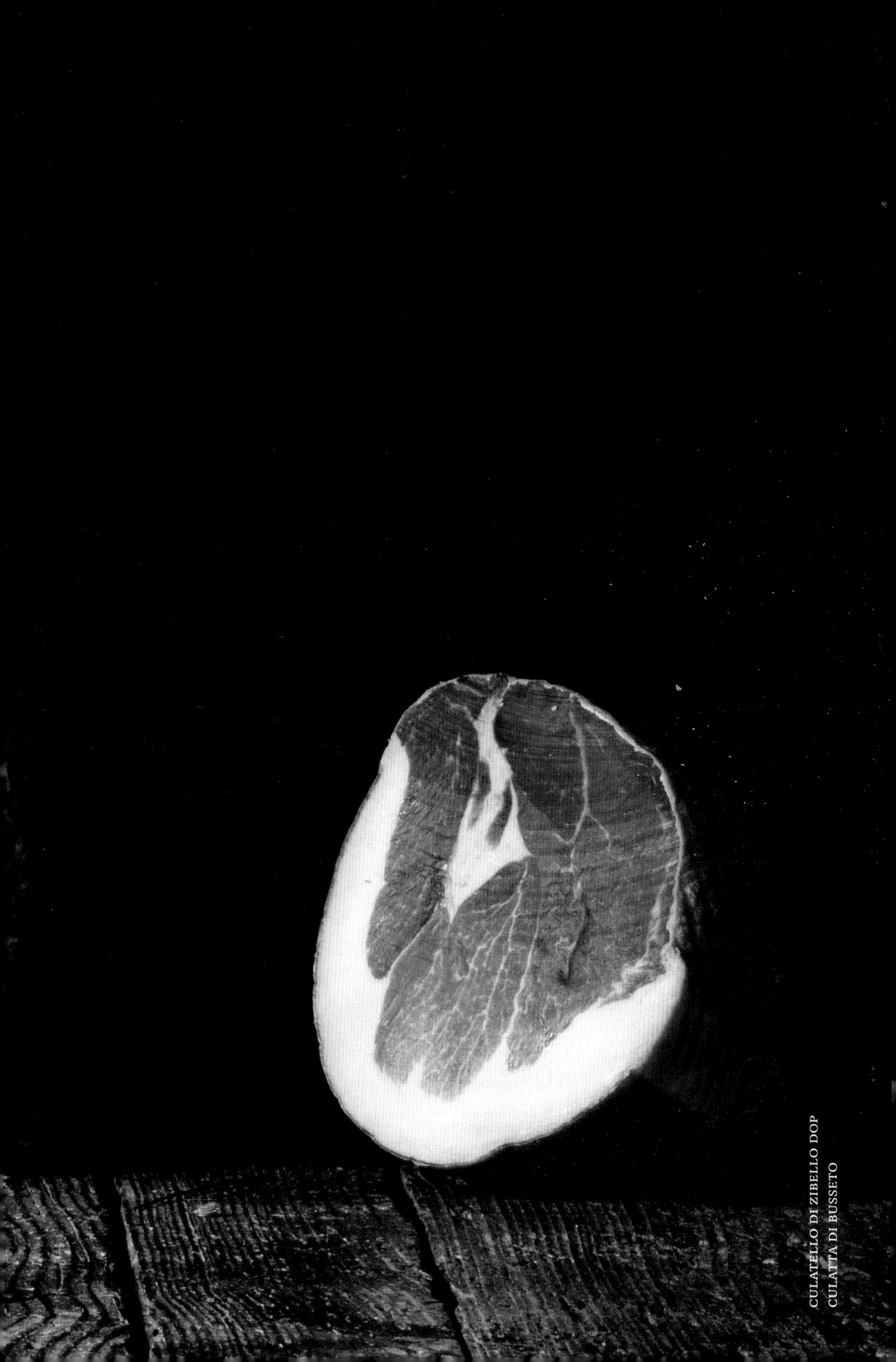

CULATELLO DI ZIBELLO DOP
CULATTA DI BUSSETO

LA MERENDA ITALIANA

con i migliori salumi d'Italia

Curatore
Curator
Sabatino Sorrentino

Progetto editoriale
Editorial Project
Gurus

Testi
Texts
Leila Salimbeni

Foto
Photos
Lido Vannucchi

Direzione Editoriale
Publishing Director
Manfredi Nicolò Maretti

Editing
Maria Paola Poponi

Grafica
Graphics
Maretti Editore
(Claudia Dagostino)

Traduzioni di
Translations by
Agenzia
Traduzione-In – Milano

Traduzione IN

ISBN 978-88-9397-071-6

Si ringraziano
Special thanks

MENOZZI srl
www.menozzi.eu
"stampi per tradizione"

SOMMARIO

Contents

PREFAZIONE

Preface

Questo che stringete tra le mani è un libro necessario per più ragioni.

Consolatorio, si dimostrerà capace di riconciliarvi col mondo grazie a ciò che promette e rievoca: ovvero una dimensione fatta di piccoli, meritati piaceri quotidiani, salvifici e tanto più necessari, oggi, in un mondo in cui tutto è già dato e, pertanto, dato per scontato. Ma affatto scontata era, ieri, la merenda italiana. Per questo il presente libro si dimostra necessario: non solo per ragioni conoscitive, ma anche per motivi di ordine conservativo se è vero, com'è vero, che alla merenda italiana è accaduto di essere dimenticata, o alla meglio relegata presso dimensioni vernacolari dell'esistenza sostituita com'è, oggi, da snack preconfezionati, realizzati da ignoti, e venduti conto terzi in imballaggi di carta sonante. Così la merenda è diventata, né più né meno, che l'esatta nemesi di sé stessa, assunto, questo, che fa del presente libro anche un piccolo pamphlet dal taglio indirettamente ma volutamente polemico e finanche politico. Ma qui non ci s'accontenta delle contingenze, piuttosto si risale all'origine di un costume che tanta parte ha avuto nel determinare l'identità dell'Italia moderna e dunque anche contemporanea. Rovistando, infatti,

The book you hold in your hands is a necessary one for several reasons.

Consolatory, as it will help you be at peace with the world thanks to what it promises and evokes: a world made of tiny, well-deserved daily pleasures; beneficial and necessary, especially in the world of today where everything is available and, therefore, taken for granted. But the Italian merenda was never taken for granted in the past. This is why this book is necessary: not only for educational reasons, but also to preserve

its tradition as the Italian merenda sadly happened to be forgotten or at best relegated to vernacular areas, and has been replaced today by pre-packaged snacks, prepared by unknown people and sold on behalf of third parties in expensive packaging. Thus, the merenda has practically become the nemesis of itself; an interesting observation which turns this book also into a kind of small pamphlet with an indirect but deliberate polemical and even political approach. But here we will look beyond mere contingencies; or rather, we will analyse the origin of a custom that has had a great role in determining the identity of modern and contemporary Italy. Searching through an almost non-existent bibliography, the author

in una bibliografia pressoché inesistente, l'autore risale la corrente fino a un tempo ancestrale: un tempo in cui forma e sostanza coincidevano al punto che anche la merenda acquisiva, coi propri natali, una veste fonica decisamente significante, ovvero un nome che tutto dice di quei costumi che la volevano dispensata solo a coloro che, effettivamente, la meritavano. Meritoria, dunque, essa era il premio quotidiano di coloro che se la sudavano col lavoro, se la guadagnavano con la fatica, o se la meritavano, appunto, per buona condotta. Per questa ragione la merenda aveva un suo intrinseco e inviolabile valore, sia che venisse concessa ai grandi che ai piccini e a onta di chi la vuole, oggi, confinare al mondo mercificato dell'infanzia, fino all'infantilismo. Nossignori: la merenda da quel valore meritocratico mutuava il suo senso e, dunque, la sua ragion d'essere, tanto che era sempre un garante a prepararla espressamente, ovvero all'uopo e, di conseguenza, con cura. L'amorevole cura di una madre, un padre, un nonno, qualcuno cui, insomma, era demandato il compito di vigilare affinché non fosse infranto il patto di meritocrazia che la merenda esigeva, rappresentando un'estensione commestibile delle gerarchie famigliari e dei rapporti tra genitori e figli. Ma se la storia degli individui, dei loro costumi e delle loro relazioni ha generato il tessuto della merenda italiana, dall'altra la merenda ha filtrato la grande Storia della nazione e della sua collettività come dimostra l'emblematico caso della michetta milanese e della sua realizzazione prima e dopo la Seconda Guerra Mondiale. Un *casus belli* anch'esso, dapprima sotto l'Impero austro-ungarico, poi dopo, con gli aiuti del Piano Marshall degli americani e tutte le promesse da esso spalancate, prima fra tutte quella consumistica che avrebbe determinato, di lì a poco, la sua fine. Ecco dunque che la merenda italiana, di cui la michetta milanese rappresenta solo una delle infinite possibilità espressive, diventa espressione di una cultura nazionale, di un'identità di popolo che, tramite essa, ha manifestato nient'altro che sé stesso, e la sua indole, nelle forme più fantasiose, più veementi, più pure. La merenda, infatti, è manifestazione di una cultura materiale e immateriale tanto composita e capillare quale è quella alimentare nella mappa di tutti i campanili dello Stivale, e sotto alla cui egida essa acquisisce costumi e costumanze anche molto diverse di paese in paese, di latitudine in latitudine. Sono anche queste differenze che il presente libro cerca di enumerare puntualmente, pur tenendo presenti due coordinate ben fisse, evidentemente imprescindibili: l'asse del pane e l'asse del companatico che, della merenda italiana, rappresentano la *conditio sine qua non.* Per questa ragione il libro che stringete tra le mani è anche un libro di resistenza. Esso si prende, difatti, non solo la

explores the history of the merenda, going back even to ancient times: a time in which form and substance coincided to the point that the name of the merenda, due to its origin, acquired a decidedly important meaning: a name that says everything about those customs according to which it was dispensed only to those who actually deserved it. Given on merit, it was the daily reward of those who worked hard, earned it with effort, or deserved it, precisely, for good conduct. For this reason, the merenda had an intrinsic and inviolable value, whether it was granted to adults or children, and in the face of those who today would want it to be confined to the commodified world of childhood, up to puerility. Absolutely the opposite: the merenda borrowed its meaning from that meritocratic system and also its raison d'être, so much so that it was always a guarantor to prepare it expressly, when it was needed, and consequently, with care. The loving care of a mother, a father, a grandfather, or anyone who, in short, was entrusted with the task of ensuring that the merit requirement that the merenda demanded was satisfied, representing an edible extension of family hierarchies and relationships between parents and children. But if it was the history of individuals, their customs and their relationships to weave the fabric of the Italian merenda, on the other hand, merenda snack has filtered the great History of this nation and its people as evidenced by the emblematic case of the Milanese michetta and its production before and after the Second World War. A *casus belli* in its own, first under the Austro-Hungarian empire, then later, with the help received by the Americans through the Marshall Plan and all the opportunities that arose from it, first of all the consumerism that would soon determine its end. Therefore, the Italian merenda – the Milanese michetta represents only one of the infinite possibilities – it became an expression of a national culture, the identity of a population that through it was able to manifest itself and its nature, in the most imaginative, most vehement, and purest forms. The merenda is in fact the expression of a material and immaterial culture, as diverse and capillary as the food culture in all parts of Italy, and thanks to it, it acquires customs and values that in some cases are extremely different from town to town and from region to region. This book tries to list with precision all these differences, always taking into account two very important variables, obviously essential: bread and filling, that represent the *sine qua non* of the Italian merenda and vary considerably throughout the country. For this reason, the book you hold in your hands is also a book of resistance. Not only does the writer take the time to analyse this merenda, but also to discover all its forms

briga di indagarla, questa merenda, ma anche di recuperarne le forme di esistenza con l'ambizione precisa del collezionista che, catalogando e custodendo, conserva la conoscenza a futura memoria e sollevando anche, là dove è il caso benché sempre implicitamente, preziosi interrogativi di carattere socio-antropologico. Un esempio? Il primo che ci viene in mente è che la merenda italiana investe anche la tanto dibattuta e popolare questione dello street-food che, in questa sede, diventa un po' come l'uovo e la gallina giacché non si saprebbe dire quale dei due sia nato per primo. La merenda, infatti, nasce, come qualunque street-food, come manufatto ergonomicamente tascabile da consumare, come spesso accadeva e accade tutt'oggi, all'aperto, come pausa fra i giochi, le incombenze e i compiti pomeridiani, ovvero innestandosi in una quotidianità di cui rappresentava un delizioso e meritatissimo punto di rottura, estemporaneo rispetto ai pasti codificati. Una pausa, insomma, dalle contingenze, con caratteristiche precise da un punto di vista ergonomico e precisi modi, spazi e tempi di consumo. Così nasce il primo panino d'Italia, il primo "pane e salame" nazionale e, con esso, la prima manifestazione di cibo di strada che abbia mai calcato la scena gastronomica italiana. Ecco, dunque, la necessità e il valore di una disamina su un oggetto apparentemente innocuo come la merenda italiana: perché la storia della merenda è la storia dell'Italia tutta e, come tale, ci porta ancora una volta a risalire la corrente del pensiero e dei regimi di significazione per riscoprire, con rinnovata meraviglia, che sapere e sapore hanno la medesima radice etimologica. La stessa che ci intima, ora, di sapere per assaporare, e di conoscere per godere.

Buona lettura
Andrea Grignaffini

of existence with the precise ambition of the collector who, cataloguing and storing, preserves this knowledge for future generations. It also raises – when it is necessary although always in an implicit way – valuable questions of a socio-anthropological nature. An example? The first one that comes to mind is that the Italian merenda is also connected with the much debated and popular issue of street food, that in this context is a bit like the chicken or the egg dilemma, since we would not be able to tell which of the two was born first. The merenda was initially like any other street food, an ergonomic and easy to carry product to be consumed outdoors, as it often happened and still happens today, as a break between games, work and afternoon tasks, a part of people's daily life that represented a delicious and well-deserved pause, extemporaneous if compared to the main meals. In short, a break from the daily activities with precise characteristics from an ergonomic point of view, and precise rules on where and how to eat it. This is how the first Italian bread roll was born, the first national "bread and salami" and with it, the first example of street food in the Italian gastronomic scene. It becomes evident now the necessity and importance of examining an apparently harmless item such as the Italian merenda: the history of the merenda is the history of all Italy, and as such, it accompanies us once again to explore the flows of thought and the variety of its meanings to rediscover with renewed wonder that knowledge and flavour have the same etymological root. The same that requires us now to know to be able to savour and know how to enjoy a product.

Enjoy your reading

Consorzio di tutela
CULATELLO
di ZIBELLO
ANTICHI PRODUTTORI
CULATELLO

INTRODUZIONE

Introduction

Nessun Paese al mondo può vantare una proposta così variegata di merende come l'Italia, con oltre 400 pani e 700 salumi in dispensa, la bottega alimentare di quartiere resta l'indirizzo pop dove cercare quella preferita.

Torta fritta con culatta di Busseto, pane toscano e finocchiona, soppressata campana e pane cafone, mafalda e salumi siciliani... sono solo alcuni esempi di un lusso gastronomico plebiscitario, e molte volte con il valore aggiunto di una produzione artigianale a gestione familiare che ancora resiste nel retrobottega nazionale.

A monte di quest'opera ci sono dieci anni di lavoro sul campo grazie alla Guida Salumi d'Italia che ho voluto fortemente a partire dalla primavera 2012 quando con un gruppo di amici (sommelier; chef; norcini; critici gastronomici; scuole alberghiere) iniziammo le prime degustazioni e visite alle aziende, un progetto audace che in cinque edizioni ha saputo censire e catalogare gran parte della salumeria nazionale portando alla luce un comparto unico al mondo per quantità, tipicità e qualità.

Dunque, questo libro nasce con il pretesto di alimentare i riflettori a favore della salumeria italiana stretta tra due fette di pane da nord a

Italy is the only country in the world where there are so many varied options for your snacks; with over 400 types of bread and 700 cured meats to choose from, the neighbourhood food store is still the pop place where to look for your favourite merenda.

Fried cake with Busseto culatta, Tuscan bread with finocchiona, Campana soppressata and traditional bread, mafalda and Sicilian cold cuts... these are only a few examples of luxury delicacies available to everyone, often with the added value of being produced with artisan methods in the back rooms of the many family-run shops located throughout the country.

This book is the result of ten years of work in the field thanks to the Guida Salumi d'Italia; a guide that I had really wanted to create since spring 2012 when with a group of friends (sommeliers, chefs, charcutiers, food critics, hotel schools), we began the first tastings and visits to food companies. An audacious project that in five editions has been able to document and catalogue the majority of cured meats produced in Italy,

sud con le sue tipicità, e implica anche in questo comparto una diversità culturale e produttiva tutta nostrana da salvaguardare. Insomma: merenda che vai, cultura che trovi.

La merenda nazionale è farcita di storie e aneddoti da raccontare ed è proprio al Culatello di Zibello il Re della Salumeria Italiana adagiato sulla torta fritta con un ricciolo di burro (come da tradizione) che abbiamo dedicato la copertina, un abbinamento raffinato. L'iconografia di questo progetto è un'istantanea in movimento che nel tempo da necessità si è trasformata in desiderio, in pieno stile italiano.

Oggi, ritengo che questo comparto meriti più attenzione a partire dagli operatori di settore, ristoratori, chef, sommelier, bottegai e scuole alberghiere. Vi è la necessità di elevare la cultura della salumeria italiana come in passato hanno saputo fare moda, arte, musica, vino e tutto quello che ci rappresenta come made in Italy nel mondo.

Sabatino Sorrentino

giving visibility to a sector that is unique in the world for quantity, variety, and quality.

Therefore, this book was created with the goal of turning the spotlight on Italian charcuterie, incredibly varied from North to South but everyone's favourite filling of choice for a bread roll. At the same time, the book highlights a cultural and productive diversity in this sector, typically Italian, that needs to be safeguarded. In short: different cultures, different merendas.

There are so many stories and anecdotes about the national merenda that can be told. We chose to dedicate the cover of this book precisely to the Culatello of Zibello, the king of cured meats, set on a fried cake with a curl of butter as per tradition – a refined pairing. The iconography of this project is an ever-changing representation that over time has transformed from necessity into desire, in full Italian style.

I believe that this sector should be given more attention today, especially from restaurants, caterers, chefs, sommeliers, food shops and hotel schools. It is important that we start promoting the Italian charcuterie tradition, in the same way we as a country did in the past with fashion, art, music, wine and everything that represents the Made in Italy brand in the world.

CAPITOLO I

LA MERENDA NELLA STORIA

History of the merenda

CHAPTER I

☞ La parola

Non c'è storia che non cominci nella parola che, di tutte le cose del mondo, è presagio. La parola, da intendersi come un'unità di senso i cui cambiamenti semantici, fonetici e morfologici, riflettono la metamorfosi dei costumi, delle usanze e delle società che quelle parole, nel tempo, hanno usato, facendosi usare da esse. E poiché ogni parola, nella sua capacità di nominare e dunque forgiare le cose del mondo, è una profezia auto-avverante, cominciamo questa nostra disamina dalla storia, appunto, della parola più importante di questo libro.

"Merenda" è, nel nome, un affare tutto romanzo. Le lingue germaniche, per merenda, intendono un generico *snack*, o *break*, solitamente privo di collocazione – né temporale né spaziale – se non quella di fare da mediano, indiscriminato intermezzo, anche onomatopeico, in qualcosa da spezzare: la giornata, il lavoro, la fame, forse anche la noia. La merenda nostrana, invece, vanta velleità più ampie e, al contempo, più precise:

☞ The word

Every good story begins with the word that is an omen of all the things in the world. The word is here understood as an entity of meaning whose semantic, phonetic and morphological changes reflect the changes in customs, traditions and societies that have used those words over time, letting themselves be used by them. And because every word, due to its ability to name and thus establish the things of the world, is a self fulfilling prophecy, we will begin this dissertation precisely with the history of the most important word in this book.

The "Merenda", starting from its name, has always been a Romance matter. In Germanic languages, the merenda can be expressed as a generic *snack* or *break* – usually not limited to a specific time of the day or place – and serves the indiscriminate, even onomatopoeic, purpose of dividing something in two halves: the day, work, hunger, perhaps even boredom. Our own idea of merenda, instead, has a much broader meaning and more precise ambitions: certainly deeper, both from a semantic and material point of view and, by extension, from a behavioural point of view.

di certo più dense, tanto da un punto di vista semantico quanto valoriale e, per estensione, comportamentale.

Limitandoci dunque alle sole lingue romanze, si veda come il rumeno *merinda*, lo spagnolo *merienda*, il portoghese e l'italiano *merenda* rappresentino la declinazione di una medesima storia: una concomitanza morfologica che sgombra il campo da ogni possibile dubbio circa l'origine latina, e una morfologia condivisa che è anche spia di una comune collocazione nella sintassi del pasto: mediana, più che meridiana, la merenda scandiva tanto la metà del mattino quanto la metà del pomeriggio, con uno spuntino che sanciva, peraltro, anche un momento di meritato ristoro. E difatti non è un caso che "merenda" derivi dal latino *merère*[1], che significa *guadagnarsi, meritarsi,* da cui l'accezione di un pasto guadagnato, appunto, per benemerenza, finendo per vincolarsi al mondo dei bambini. Una connotazione semantica, questa, che risulta cruciale anche nel mondo degli adulti: essa, difatti, implicando che esista qualcuno, un custode dell'ordine e della giustizia, solitamente un genitore, a dispensarla, acquisisce valore: un valore che si perde in un contesto eminentemente adulto ove la merenda, come vedremo, è tutt'altra cosa. Altra accezione della merenda, poi, è il significato di "parte", di "porzione", che le proviene dal greco *merìs* e dal verbo *meiro-mai* che significa, appunto, "ricevere una parte". Ancora una volta, insomma, si insiste sulla dimensione della ricezione di qualcosa, ovvero una parte, da parte di qualcun altro.

1 · Vocabolario etimologico.

Limiting our analysis only to Romance languages, it is evident that the Romanian *merinda*, the Spanish *merienda*, the Portuguese *merenda* and the Italian *merenda* are all different variations of the same concept: a morphological co-occurrence that dispels any doubt about its Latin origin, and a shared morphology that is also a sign of a common placement in the syntax of this meal: in-between, rather than afternoon, the merenda marked the middle of the afternoon as much as the middle of the morning, with a snack which also carried the meaning of a well-deserved moment of rest and refreshment. And it is no coincidence that "merenda" derives from the Latin word *merère*[1], meaning to *earn*, to *deserve*, and thus the meaning of a meal earned deservedly, that eventually started to be used only for children. This semantic connotation carries a crucial meaning also in the world of adults: by implying that there is someone who, acting as a guardian of order and justice – usually a parent – can dispense it, it acquires value: this value is lost in a predominantly adult context where the merenda, as we will discuss later, is a completely different thing. The merenda has also a different meaning, which is that of "part" or "portion"; it comes from the Greek *meris* and from the verb *meiro-mai* that means exactly "to receive a part of something". Again, the focus is on the meaning of receiving something, or a part of it, dispensed to us by someone else.

1 · Etymological dictionary.

☞ Merendine industriali e merende vernacolari

Isolati così i genitori linguistici della merenda, non stupisce che questa vulgata sia stata rieditata dall'industria alimentare, che alla merenda sostituisce, lessicalmente ma anche semanticamente, la merendina, quale vezzeggiativo paternalistico indicante qualcosa di già porzionato, pre-confezionato, non più dispensato ma imposto dall'industria, quale palliativo della funzione genitoriale. E, così, la merenda viene svuotata del suo senso di merito[2] passando da evento a oggetto: non più un momento meritato, ma una merendina, ovvero una cosa di scarso valore, da consumare senza pensieri.

In dichiarata antitesi con la merenda primigenia, fatta di pane e companatico che sopravvive, quasi intatta, nelle campagne piemontesi dove ancora la si chiama *merenda sinoira,* a indicare un pasto freddo, più o meno frugale, che permetteva al contadino di interrompere le proprie faccende e, prima di sera, rifocillarsi con un pasto leggero, non cucinato, ma da consumare in casa.

☞ Casa, non casa, ristorante

La distinzione relativa al luogo di consumo è un altro di quei tratti che distingue la merenda dalla merendina, o la merenda dallo snack e dal break. Questo accade perché, come già detto, la merenda predilige il mondo dei bambini, mentre agli adulti si associa l'internazionalissimo snack consumato senza spazio – spesso in piedi, poco importa che sia a casa, in ufficio, o sui mezzi pubblici – e senza tempo, ovvero senza orario: in una parola, senza senso, senza pensiero. Che sia maturità, questa, lo lasciamo dire ai nostri lettori. Da par nostro, va messo agli atti che, mutate le condizioni socioeconomiche e di stile di vita, la merenda abbisogna di ritrovare un luogo e uno spazio, e dunque un senso, nell'alimentazione contemporanea. Sergio Grasso, antropologo alimentare, afferma che, valendo come ricompensa, la merenda aveva un alto valore per chi la consumava, svolgendo un ruolo di gratificazione funzionale[3]. Un'alta carica di utilità per chi la consuma, oggi asservita alle merendine e alle loro ragioni di mercato. Per questo, per riabilitarla nel suo senso originario e

2 · M. Montanari, *Il riposo della polpetta*, p. 165.

3 · https://sergiograsso.com/

MICHETTA

☞ Convenience snacks and vernacular merenda

Now that the linguistic origins of the merenda have been identified, it is not surprising that this message has been re-edited by the food industry; the merenda is replaced, lexically but also semantically, by the snack, a disparaging term indicating something that is already portioned, pre-packaged, no longer dispensed but imposed on children by the industry as a poor imitation of the parental role. And so, the merenda loses its sense of merit[2], going from event to object: no longer a well-deserved moment, but a quick snack, something of little value to be eaten without giving it too much thought.

It is the very antithesis of the primaeval merenda consisting of bread and filling that is found, almost identical to the original one, in the Piedmontese countryside where it is still called *merenda sinoira*; this indicated a cold meal, more or less frugal, which allowed the farmer to enjoy a little rest from his work before the evening and get some energy from a light meal that was not cooked but could be eaten at home.

☞ Home, not home, restaurant

Another feature that distinguishes the merenda from convenience food, or the merenda from a snack and a break, is the place where the merenda is consumed. This happens because nowadays, as already mentioned, the merenda is seen as something for children, while adults are associated with the international and modern concept of snack to be consumed anywhere – often standing, no matter if they are at home, in the office, or on public transport – and anytime, with no regard for time: in a word, without meaning, without thoughts. Whether this is a sign of maturity, we will let our readers choose for themselves. It is our opinion though, considering how lifestyle and socio-economic conditions have evolved, that the merenda needs to find again a time and a place, and therefore a meaning, in the dietary habits of present-day people. Sergio Grasso, food anthropologist, states that due to the fact that the merenda was used as a reward, it carried great importance for those who consumed it, acting as functional gratification[3]. An important and useful meal for those who

2 · M. Montanari, Il riposo della polpetta, p. 165.

3 · https://sergiograsso.com/

dunque domestico, è stata indetta la "Giornata nazionale della merenda", che si festeggia ecumenicamente il 17 settembre, mentre un altro fenomeno da notare è la riabilitazione della merenda in tempi di pandemia, da parte di ristoranti che, vedendo limitata la loro attività dalle restrizioni nei consueti orari destinati al pranzo e alla cena, si sono adoperati con merende dedicate, in tutto e per tutto, al mondo adulto.

☞ L'emblema della merenda: il panino

Benché sia notorio che "paese che vai, merenda che trovi", è arrivato il momento di dedicare quello che resta della nostra trattazione alla storia di un manufatto che, a differenti latitudini, coincide in tutto e per tutto con la merenda italiana: il panino. Mary Douglas[4], a proposito del sistema alimentare degli operai inglesi, rileva come il biscotto farcito, mangiato da costoro a mo' di merenda, finisca per assumere il ruolo di "simbolo condensato di tutti gli avvenimenti alimentari e sociali di un giorno, una settimana, una vita intera": ovvero una sintesi figurativa dell'intero sistema esistenziale operaio inglese.

Imbottire, farcire, riempire, significa infatti pacificare la dicotomia tra contenitore e contenuto, almeno in termini edibili. Farcire significa riempire, di significato oltre che di gusto, un involucro che, da solo, non ha senso, ma solo forma. Mentre il ripieno, per sua natura, non avrebbe forma ma solo senso, posto che sapore e sapere condividono, non a caso, anche la stessa etimologia. Così fa il pane che, da quando è tale, accompagna, ospita, conchiude, racchiude.

In letteratura, il panino nasce con Diogene di Sinope il quale, rifiutando la sontuosità dei banchetti di corte, viene spesso descritto nell'atto di mangiare delle lenticchie nella parte cava di un pezzo di pane. Un'usanza, questa, che continua a Roma, dove Via Panisperna deve il nome al *Panis ac perna*, ovvero ai panini al mosto d'uva e carne cotta nell'acqua dei fichi secchi, molto in voga presso gli antichi pompeiani[5]. In epoca rinascimentale ne *La singolar Dottrina* Domenico Romoli inserisce un panino cinquecentesco preparato con strisce di lardo adagiate su singole fette di pane. Secondo le indicazioni date dal Romoli, le fette di pane venivano poste sotto la selvaggina, che cuoceva allo spiedo, affinché i succhi

4 · M. Douglas, *In the active voice*, Routledge & Kegan Paul, Londra, 1982, pp. 81-124.

5 · https://www.taccuinigastrosofici.it/ita/news/contemporanea/usi---curiosita/storia-del-panino.html

consume it, today subjugated to convenience snacks and market rules. For this reason, to give it back its original and therefore domestic meaning, the "National Merenda Day" was created, celebrated with sacredness on 17 September. Another singular event to be noted is the restoration of the merenda by restaurants during the pandemic: with their activities limited by the restrictions, unable to open at the hours normally reserved for lunch and dinner, they came up with the idea of serving food to their customers that was, for all intents and purposes, a merenda for adults.

☞ The emblem of the merenda: the bread roll

It is a fact that every country has its own favourite snacks, but it is now time to dedicate the last part of our treatise to the history of a craft product that in different parts of the world coincides exactly with the Italian merenda: the bread roll. Regarding the dietary system of British workers, Mary Douglas[4], noted how the filled biscuit that they eat as a snack, ends up taking on the role of "a condensed symbol of all the food events and the social events of a day and a week and a lifetime": a figurative summary of the entire existential system of the British worker.

Topping, stuffing, or filling the bread allows in fact to erase the dichotomy between container and content, at least from a food point of view. Stuffing means to fill, not only with ingredients but also with meaning, a receptacle that has no meaning on its own, only form. The filling, instead, would not have form by its nature but only meaning, considering that it is not a case that sapore (*taste*) and sapere (*knowledge*) also have the same etymological origin. And that is the role of bread, that since it was invented, accompanies, hosts, holds, and encloses.

The first written record of a bread roll dates back to the time of Diogenes of Sinope who, spurning the sumptuousness of court banquets, is often described in the act of eating lentils using the hollow part of a piece of bread as a container. This custom continued in Rome. Via Panisperna, for example, owes its name to the *Panis ac perna*, bread rolls filled with grape must and meat cooked in the water of dried figs, very popular among the ancient Pompeians[5]. During the Renaissance, in his book *La singolar dottrina*, Domenico Romoli described a sixteenth-century

4 · M. Douglas, In the active voice, Routledge & Kegan Paul, London, 1982, pp. 81-124.

5 · https://www.taccuinigastrosofici.it/ita/news/contemporanea/usi---curiosita/storia-del-panino.html

GRISSINO PIEMONTESE — *PIEDMONT BREAD STICKS*

di cottura della carne, colando lentamente, conferissero sapore al pane. Sarà poi, però, un conte del XVIII secolo a lasciare una traccia indelebile nella storia della cultura del panino contemporaneo: Lord Sandwich volle infatti che gli fosse preparato un cibo rapido, pratico e gustoso che, nell'Inghilterra vittoriana, si diffuse con la pratica dei "tea sandwiches", piccoli tramezzini creati per la duchessa di Bedford. In Italia, un importante sostenitore del panino fu il movimento futurista, che nel suo Manifesto auspicava l'abolizione di forchetta e coltello per privilegiare "bocconi simultanei e cangianti". Sempre in questo periodo, poi, nasce l'italianizzazione del termine sandwich chiamato, non a caso, "traidue". E qui torniamo al punto di partenza: se il panino è l'emblema della merenda è perché, come la merenda collocata tra pranzo e cena, anche il panino esiste solo tra due cose: pranzo e cena, adulti e bambini.

bread roll prepared with lard strips laid on a slice of bread. According to the instructions provided by Romoli, the slices of bread had to be placed beneath a spit on which game meat was being cooked; this way, slowly pouring from the meat, the drippings gave flavour to the bread. But the first indelible mark in the history of the culture of the contemporary bread roll will be left by an eighteenth-century count. Lord Sandwich asked that they prepared for him a quick, practical and tasty food that became then very popular during the Victorian era with the custom of "afternoon tea sandwiches", small sandwiches created for the Duchess of Bedford. A noteworthy supporter of the sandwich in Italy was the Futurism movement, that in its Manifesto called for the abolition of fork and knife to privilege "simultaneous and dynamic bites". It is also during this period that the term sandwich was italianised, becoming, not surprisingly, "traidue" (*between two*). And we finally go back to where we started: if the bread roll is the emblem of the merenda, it is because, just like the merenda takes place between lunch and dinner, also the bread roll exists only between two things: lunch and dinner, adults and children.

CAPITOLO II

MICHETTA ICONA POPOLARE

The michetta, a popular icon

CHAPTER II

☞ Pop e risorgimentale

Più che popolare, diremmo quasi pop, la michetta è oggi un pane vitale, arioso e ospitale ma è stata, in passato, anche giovane e ribelle se consideriamo il periodo storico e il contesto socioeconomico di cui è figlia. Inoltre, la michetta è anche intrinsecamente moderna visto che nella sua morfologia, strettamente connessa alla sua destinazione d'uso, diventa uno dei primi emblemi, ancorché involontari, di design edibile.

Metropolitana, la michetta nasce in quel di Milano appena dopo l'annessione all'Impero austro-ungarico a seguito del Trattato di Utrecht (1713). Qui, forse perché afflitti dalla nostalgia di casa, i funzionari austroungarici, che formavano una vera e propria enclave nel cuore della città ordinarono ai panificatori milanesi di riprodurre il piccolo pane a forma di rosa che spopolava in quel di Vienna, dove veniva chiamato *Kaisersemmel* (ovvero pane dell'imperatore) e che pure già si produceva

☞ Pop and Renaissance

More than simply popular, almost a pop icon, today the michetta is an energetic, airy and hospitable bread, but it was also young and rebellious in the past if we consider the historical period and the socioeconomic context in which it was created. In addition, the michetta is also intrinsically modern, as thanks to its morphological origin, tightly connected with its intended use, it became one of the first emblems – albeit involuntarily – of edible design.

Metropolitan food, the michetta was invented in the city of Milan just after its annexation to the AustroHungarian Empire following the Treaty of Utrecht (1713). The many Austro-Hungarian officials resident here, almost a real enclave in the heart of the city, perhaps suffering from homesickness, ordered the Milanese bakers to recreate the small rose-shaped bread roll that was extremely popular in Vienna, where it was called *Kaisersemmel* (or the emperor's bread). This type of bread was

nel nord-est italiano, come in Friuli-Venezia Giulia, dove i diligenti fornai della zona l'avevano ribattezzato col nome di *Kaiser*[6].

Ma i fornai meneghini furono più ribelli, e lo furono sia per ideologia che per necessità: questi, infatti, non accondiscesero a sposare suddetto tributo e ciò fu evidente anche empiricamente giacché le prime pagnotte, complice l'imperante umidità milanese, vennero loro radicalmente diverse da quelle che si aspettavano trepidanti i nostalgici funzionari, rendendo di fatto impossibile il coronarsi del loro progetto che, come vedremo, non andrà però perduto. Prima di quel momento, infatti, in tutto il Ducato di Milano era diffusa la cosiddetta *micca*, ovvero una forma di pane tutt'oggi esistente nel Pavese, dove si chiamava all'uopo anche *miccone* se impastata per realizzare pani di grandi dimensioni. La michetta deve dunque il suo nome al vezzeggiativo dialettale in uso nel nord Italia di *mica*, che significava, non a caso, "briciola". E proprio a causa o per merito di questa *micca*, o *mica* che dir si voglia, che non ci furono dubbi sul nome di battesimo da adottare allorquando i funzionari, trovandosi davanti un panino dall'interno molle e poco lievitato, abbandonarono le loro speranze mentre gli zelanti fornai meneghini avevano già pronta una soluzione tanto meccanica quanto pragmatica: si decise, infatti, di rimuovere manualmente la mollica dal pane in modo da renderlo più conservabile, più digeribile e, soprattutto, perfettamente strategico nel contenere, nel suo interno arioso, qualunque ripieno. Che proprio la michetta sia dunque diventata il pane simbolo di una città come Milano, famosa per la sua resilienza, non stupisce. Anzi, ancora una volta dobbiamo felicitarci dell'italianissima capacità di trasformare un errore in una possibilità, come pure fecero questi milanesi che decisero di ribattezzare quel pane inizialmente imposto con un nome completamente famigliare, adottandola di fatto quale filiazione, più piccola, della *micca*, con un vezzeggiativo che ne celebrava la funzione domestica e disinvolta: pop, come si diceva in apertura.

6 · AA.VV., *I pani d'Italia*, Le Guide de l'Espresso, GEDI, Roma 2021, p. 103.

already produced in the north-east of Italy, particularly in Friuli-Venezia Giulia where the diligent local bakers had given it the name of *Kaiser*[6].

But the bakers of Milan adopted a more rebellious approach, out of ideology and necessity as well: they did not agree to comply with the aforementioned request, and this was also manifestly evident in the bread. Their first loaves, in fact, due to the oppressive humidity of Milan, came out completely different from those expected by the nostalgia-afflicted officials, making the completion of this project impossible; however, as we will see, their idea would not be lost. Before that event, there was already a type of bread called *micca* popular throughout the Duchy of Milan, which is still found today in the area of Pavia where it was also called *miccone*, if the dough was used to prepare large loaves. Therefore, the michetta owes its name to the dialectal term *mica* used in northern Italy, meaning, not by chance, "crumb". And it was precisely due to – or thanks to – this *micca* or *mica*, that the bakers did not have any doubt when they had to choose a name for their product. Faced with a bread roll with a soft inside and not well leavened, the officials abandoned their hopes, while the zealous Milanese bakers had already come up with a solution that was as mechanical as pragmatic: they decided to physically remove the crumb from the bread in order to make it last longer, be easier to digest and, above all, be perfectly fit for containing any kind of filling in its airy interior. It should come as no surprise then, that the michetta became the bread symbol of a city such as Milan, famous for its resilience. Actually, once again we must congratulate ourselves on the very Italian ability to turn a mistake into a possibility, just like those Milanese bakers did when they renamed the bread that they were initially forced to produce. The name they chose was a familiar one, their own smaller version of the *micca*, with a nice diminutive that celebrated its domestic and casual purpose: pop, as we mentioned in the introduction.

6 · AA.VV., I pani d'Italia, Le Guide de l'Espresso, GEDI, Rome 2021, p. 103.

☞ Il piano Marshall e la contemporaneità

La michetta rimase di fatto invariata fino alla conclusione della Seconda Guerra Mondiale quando, gli Stati Uniti, cambiarono radicalmente anche la sua fisionomia: oltre ai prestiti per oltre 51 milioni di dollari elargiti alle ditte della Lombardia per la ripresa delle attività produttive, con il Piano Marshall venne anche creato l'aeroporto Malpensa, all'epoca utilizzato a soli scopi militari. Qui furono scaricati, oltre a copiose quantità di carbone, petrolio e diverse materie prime per l'industria, tra cui 1.327.614 quintali di grano e 86.379 quintali di una farina particolare, ottenuta da un grano forte e resistente al freddo proveniente da Manitoba, una provincia del Canada Occidentale[7]. La peculiarità di questa farina consisteva nella straordinaria percentuale di proteine, a tessere la maglia glutinica, e grazie alla quale ricavare, dopo alcune prove empiriche, un pane che fosse naturalmente privo di mollica al suo interno. Nacque così la michetta contemporanea: un'invenzione così riuscita da meritarsi d'esser suggellata, nel 2007, dal Comune stesso che le assegnerà la Denominazione Comunale (De.Co.) come a riconoscerle un valore essenziale: quello di rappresentare l'identità di un intero territorio, anche metropolitano e metamorfico, come quello di Milano.

☞ Michette & Co.

Appartenente alla famiglia dei pani soffiati, dove pure abitano sue consimili aventi, come lei, il caratteristico taglio a stella con "cappello" centrale, la michetta è composta di farina di grano tenero tipo 00, acqua, lievito di birra, malto (o zucchero) e sale, ed è caratterizzata da un'alveolatura assai sviluppata e dalla caratteristica forma a fiore, ottenuta con cinque incisioni realizzate sulla pasta ancora cruda. Questi tagli hanno il compito di dividere il panino in altrettanti spicchi, rendendolo simile a un fiore coi suoi petali per cui non stupirà, dunque, che nel resto d'Italia la si chiami più preferibilmente *rosetta*, mentre a Bergamo prediligono la versione, sempre romantica, di *stelìna*. Come già accennato, poi, in Friuli-Venezia Giulia la michetta diventa la teutonica *Kaiser* già dal 1800, quando le *pancogole*, le donne del pane di Servola, piccolo sobborgo triestino, furono chiamate alla corte di Maria Teresa d'Austria a fare le *semelize*, ovvero le viennesi

7 · https://www.clubmilano.net/it/citta/michetta-storia-del-piu-famoso-pane-milanese/

MICHETTA

PANE MODENESE — *MODENA BREAD*

☞ The Marshall Plan and modernity

The michetta remained unaltered until the end of World War II when the United States radically changed it and its form. In addition to various loans for over 51 million dollars granted to Lombard companies for the restart of their production activities, the Marshall Plan also included the creation of Malpensa airport, at the time used only for military purposes. The cargo unloaded at the airport included copious quantities of coal, oil, and various industrial materials, as well as 1,327 tonnes of wheat and 86 tonnes of a particular type of flour obtained from a strong wheat with high resistance to cold originating from Manitoba, a province of Western Canada[7]. The peculiarity of this flour consisted in its extraordinarily high protein content which formed tighter gluten strands and allowed bakers to obtain, after some tests, a type of bread that was naturally free of crumb. The modern michetta was born: an invention so successful that in 2007, it was celebrated by the Municipality itself that awarded it the status of Denominazione Comunale (De.Co.), as if the city wanted to recognise its essential value: the ability to represent the identity of an entire territory, metropolitan and metamorphic, such as that of Milan.

☞ The Michetta and its variants

Belonging to the family of puff bread, along with other types of bread also sharing its characteristic star-shaped pattern with a central "dome", the michetta is made from soft wheat flour type 00, water, baker's yeast, malt (or sugar) and salt; it is characterised by a very coarse crumb texture and a characteristic flower shape, obtained by scoring five lines on the dough before baking it. These lines help to divide the bread roll into five segments, making it similar to a flower with its petals; therefore, it should come as no surprise, that it is normally called *rosetta* in the rest of Italy, while in Bergamo they prefer another name, not less romantic: *stelìna*. As mentioned before, as early as 1800 in FriuliVenezia Giulia, the michetta became the Teutonic *Kaiser* when the *pancogole* – the women bakers of Servola, a small suburb of Trieste – were called to the court of Maria Theresa of Austria to make the *semelize*, the Vienna *kaisersemmel* that this

7 · https://www.clubmilano.net/it/citta/michetta-storia-del-piu-famoso-pane-milanese/

kaisersemmel così importate nell'italianissima Trieste[8]. Ancora, la michetta si chiama *maggiolino* nel resto della Lombardia, mentre s'è acclimatata su tutto il territorio nazionale anche col nome di *tartaruga*. Nel Lazio, invece, e soprattutto a Roma che con Milano da sempre si contende la primazia in fatto di egemonia metropolitana, sopravvive una variante estremamente simile e altrettanto efficace nel condensare l'identità dell'uomo che la consuma: la celeberrima *ciriola* che sta ai romani come la michetta sta ai milanesi. Altrimenti detta *anguilletta* per via della forma allungata e rigonfia al centro, la *ciriola* romana, prodiga di mollica, era destinata a sfamare i robusti appetiti delle manovalanze della Città Eterna al punto da essere servita in molti bar dove veniva farcita con ogni bendidìo.

☞ La michetta come fenomeno sociale e industriale

A qualunque latitudine, insomma, la michetta diventa simbolo di un appetito caratterizzato da buoni denti, configurandosi come un fenomeno giovanile, oltre che giovanilistico, perfettamente adeguato nel soddisfare le necessità di un consumatore sano, avido di cibo da consumare in maniera veloce. Ebbene, proprio in seno alle funzioni espresse dalla michetta è nato, sempre a Milano, il fenomeno dei paninari, ovvero un gruppo di giovani che, dissociandosi dall'impegno politico che aveva caratterizzato gli anni '70, diventerà presago dell'individualismo e del consumismo delle decadi a venire. E benché i paninari s'identificassero nei panini dei primi fast-food italiani, come furono Wendy e Burghy, il loro primo ritrovo, da cui mutuarono il nome, fu in Piazza Liberty, proprio davanti al bar Al Panino. Fu qui che nacque una sottocultura determinata dalla necessità di consumo, tanto in fatto di cibo quanto in fatto di moda, tanto che i panini cominciarono a soppiantare i piatti della tradizione come risotto, pasta o minestrone. L'innovazione a tutti i costi, insomma, come già presagito dal Movimento Futurista che nel suo boccone simultaneo (ovvero nel panino) collocava un futuro edibile *ante-litteram*.

Chiudiamo questo affresco con una considerazione ulteriore: benché declinata al maschile plurale, la michetta è diventato uno dei prodotti di punta della Mulino Bianco, ovvero di un'azienda che ha fatto del tono di voce imperniato sul registro della nostalgia la propria *conditio sine qua non*.

8 · AA.VV., *I pani d'Italia*, Le Guide de l'Espresso, GEDI, Roma 2021, p. 148.

TARTARUGA

MAGGIOLINO

way was introduced in Trieste and in Italy[8]. The michetta is also called maggiolino (*beetle*) in the rest of Lombardy, and also with the name of tartaruga (*turtle*) in most parts of Italy. In Lazio, instead, especially in Rome that has always contended against Milan for the primacy of metropolitan hegemony, there is an extremely similar variant, equally effective in representing the identity of the people who eat it: the very famous *ciriola* that is as important for the Romans as the michetta is for the Milanese. Also called *anguilletta* because of its elongated and swollen shape in the middle, the Roman *ciriola* with abundant crumb was destined to satisfy the good appetites of the workers of the Eternal City, to the point that it was served in many bars where it was filled with any kind of delicacy.

☞ The michetta as a social and industrial sensation

Throughout Italy, the michetta quickly became the food symbol of people with a good appetite and good teeth, standing out as a youthful sensation, ideal for the young and perfectly suited to satisfying the needs of a healthy consumer who wants food that can be consumed quickly. Another trend that developed also in Milan is that of the paninari, born precisely as a consequence of the possibilities opened up by the michetta. They were a group of young people who, distancing themselves from the political commitment that characterised the 1970s, foreshadowed the individualism and consumerism of the future decades. And even though the paninari could be identified with the rolls of the first Italian fast-food restaurants such as Wendy and Burghy, their first meeting place was in Piazza Liberty, exactly in front of the Al Panino bar, from which they took their name. It was there that this subculture was born, determined by the need for consumption of not only food but also new trends, so much so that the bread rolls started to replace traditional Italian dishes such as risotto, pasta or soup. In short, innovation at all costs, as the Futurist Movement had already presaged when ahead of time, it associated an edible future to its simultaneous bite (the bread roll).

We will end this disquisition with the last consideration: although declined in the masculine plural form, the michetta has become one of the flagship products of Mulino Bianco, a company that has always based their

8 · AA.VV., I pani d'Italia, Le Guide de l'Espresso, GEDI, Rome 2021, p. 148.

CIRIOLA ROMANA — *ROMAN CIRIOLA*

Cosa significa? Che nella contemporaneità essa sembra aver perso ogni carica innovativa, diventando invece simbolo di un'esistenza vissuta nel segno della continuità e della stabilità (economica e valoriale).

advertisement campaigns on the feeling of nostalgia. What does it mean? It seems that the michetta has lost all its innovative force in contemporary society, becoming instead a symbol of a life lived according to principles of continuity and stability (economic and material).

CAPITOLO III

PANE E SALAME, LA MERENDA ITALIANA

Bread and salami, the Italian merenda

CHAPTER III

☞ Pane e salame: una vecchia storia

Nel nostro Paese esiste "un pane per ogni campanile"[9], e ciascun pane esiste, in questa mappa, sia da solo, che con una destinazione d'uso specifica per ciascuno. Un esempio? Esistono pani da olio nuovo, pani da friggere, pani da bruschettare, pani da zuppa, da inzuppare e altri da "cunzare", mentre altri ancora, come lo "sciapo" toscano, ma non solo, nascono per soddisfare un abbinamento tanto indiretto quanto ancestrale: quello coi salumi, di cui il pane è canale e vettore.

Così, benché resterà sempre un mistero dove e quando sia germogliata la prima spiga di grano, oggi sappiamo che molto plausibilmente tutto ebbe inizio nella zona montuosa del Karacadag, nel sud-est della Turchia, con due specie selvatiche, il *Triticum boeoticum* e il *Triticum urartu*, le quali, dopo essersi diffuse nel Corno d'Africa e aver conquistato Eritrea, Etiopia, Somalia e Gibuti, arriveranno nel nord-est della Giordania dove saranno rinvenuti i resti carbonizzati di una focaccia non lievitata, databili

9 · E. Marinato, L. Salimbeni, *Terra di Pane*, Edizioni Plan, Loreto, 2020, p. 76.

☞ Bread and salami: an age-old story

In our country, there is "*one type of bread for every church*"[9], and each of these types of bread is present in this food map as the bread itself, but also with a specific use. An example? There is bread for fresh olive oil, bread to fry, bread to turn into bruschetta, bread for soups, bread to soak and others to fill, while some others like the Tuscan "sciapo", but not only, were created to allow a pairing that is as indirect as ancestral: the one with cured meats, the perfect filling for bread.

So, even though we will never discover where and when the first wheat spike sprouted, today we know that quite probably it all started in the mountainous area of Karacadag in the south-east of Turkey, with two wild species, the *Triticum boeoticum* and the *Triticum urartu*. These plants reached the Horn of Africa, quickly spreading in Eritrea, Ethiopia, Somalia and Djibouti, and then arrived in the north-east of Jordan where archaeologists found the charred remains of an unleavened bread roll,

9 · E. Marinato, L. Salimbeni, *Terra di Pane*, Edizioni Plan, Loreto, 2020, p. 76.

intorno al 14000 a. C., ovvero 4000 anni prima della nascita dell'agricoltura intesa in senso stanziale e contemporaneo[10]. Quanto al salame e, per estensione, ai salumi, bisogna fare un balzo in avanti. I primi riferimenti risalgono infatti al faraone Ramses III (1217 a.C. – 1155 a.C.) e già al Neolitico, coi reperti rinvenuti dallo zelante paleontologo britannico John Desmond Clark. Da altrettanti rinvenimenti collocati a Vulci (VIII sec. a.C.) e, in seguito, anche a Forcello (IV sec. a.C.), si fa ancora più solida la convinzione che già in età etrusca l'allevamento fosse praticato in maniera non dissimile a quella odierna, visto che su un campione di circa quarantamila resti animali la presenza di corpi di suini a cui erano stati amputati gli arti durante la macellazione faceva supporre che questi venissero usati a mo' di prosciutti, e quindi conservati tramite stagionatura[11]. Benché, dunque, non proprio coevi, è lecito supporre che pane e salame vadano a braccetto almeno sin dal primo millennio a. C., consumando un matrimonio suffragato anche dall'etimologia del termine pane. Dal latino *panis*, a sua volta dal messapico *panòs*, ovvero grano, di cui la radice ariana *pa-* comune a tutte le parole aventi come accezione l'atto di nutrire, esso ha anche significato di sostenere, proteggere, da cui deriverebbe anche la radice della parola padre e pasto. Ebbene, sia nell'una che nell'altra accezione emerge la valenza costitutiva, basale e finanche rituale del pane che nel latino *cum panis* trova la sua estensione di compagno (e compare) nonché la tacita considerazione che proprio il pane sia il compagno prediletto di ogni pasto, salumi compresi.

10 · cfr. *I Pani d'Italia,* Le Guide de L'Espresso p.11.

11 · cfr. *I Salumi d'Italia,* Le Guide de L'Espresso pp. 13-18.

Cornetto ferrarese
con Prosciutto di Modena DOP

Cornetto ferrarese
with Prosciutto di Modena PDO

dating from around 14000 BC, 4000 years before the birth of sedentary agriculture as we understand it today[10]. As for the salami and, by extension, other cured meats, they will only appear several millennia later. The first piece of evidence dates back to Pharaoh Ramses III (1217 BC – 1155 BC) and to the Neolithic period, thanks to the finds of the zealous British palaeontologist John Desmond Clark. Other archaeological finds in Vulci (VIII century BC), and later in Forcello (IV century BC), make it even more solid the theory that breeding was already practised in the Etruscan age in a way not so dissimilar to the contemporary one; on a sample of about forty thousand animal remains, there was a significant presence of pigs whose limbs had been cut during slaughter, suggesting that these were used to produce ham and therefore, preserved by aging[11]. Although they did not appear in the same period, it is legitimate to assume that bread and salami have shared an intertwined existence since 1000 BC, giving life to a marriage also supported by the etymology of the term bread. Pane comes from the Latin *panis*, which in turn came from the Messapian *panòs* or wheat. The Aryan root *pa-* is common to all words that have the act of nourishing as their meaning; it also has the meaning of supporting and protecting, and probably it is also the root of the words *padre* (father) and *pasto* (meal). Well, both meanings emphasise the constitutive, basal, and even ritual value of bread, that from the Latin *cum panis* takes on the meaning of companion (and compadre), as well as the tacit approval that bread is the ideal companion of every meal, including cold cuts.

10 · cfr. *I Pani d'Italia.* Le Guide de L'Espresso p.11.

11 · cfr. *I Salumi d'Italia.* Le Guide de L'Espresso pp. 13-18.

☞ Morfologia e abbinamenti

Morfologia e destinazione d'uso di "pane e salame" cambiano, com'è naturale, a ogni latitudine. Nell'Italia nostra contemporanea abbiamo provato a tracciare una piccola geografia, tenendo presente che ci misuriamo con un corpus di oltre 400 tipi di pane[12] e 700 tipi di salumi[13] su tutto il territorio nazionale.

A Nord, dove data la sostanziale scarsità della farina di grano, il pane non rappresenta un alimento primario, lo si trova in piccole forme croccanti e compatte spesso ibridate con altri ingredienti tipici, come semi, frutta secca e farina di castagne. Accade con l'istituzionale Schüttelbrot e con i Paarl, dove la farina di segale, unita coi semi di cumino e trigonella, esaltano in maniera pressoché perfetta l'affumicatura di speck e salsicce, che beneficeranno della caratteristica nota fresca di montagna apportata

12 · cfr. *Terra di Pane*, p. 77.

13 · Istituto Valorizzazione dei Salumi Italiani.

☞ Morphology and pairings

The morphological meaning and the intended use of "bread and salami" is different, as expected, in every part of the country. We tried to trace a small food map of our contemporary Italy, not forgetting the fact that we are faced with an assortment of 400 types of bread [12] and 700 types of cold cuts [13] throughout the national territory.

In the North, where due to the substantial scarcity of wheat flour, bread is not a primary food, it is mainly produced in small crunchy and compact shapes, often mixed with other typical ingredients such as seeds, nuts and chestnut flour. For example, the traditional Schüttelbrot and the Paarl, made from rye flour mixed with cumin and trigonella seeds, exalt almost perfectly the smoking of Speck and sausages, whose taste is enhanced by the characteristic fresh mountain note brought by the South

12 · cfr. *Terra di Pane*, p. 77.

13 · Istituto Valorizzazione dei Salumi Italiani.

SPECK ALTO ADIGE IGP PFITSCHER

dal pane altoatesino. Simile destinazione quella del Pan Ner valdostano, che però si abbina più volentieri alle *saucisses* e al *boudeun*[14].

In Piemonte il Pane di Bra viene associato, anche per prossimità, con la Salsiccia di Bra, in un matrimonio che sembra fare eco al proverbio "mogli e buoi" poi sancito anche a livello istituzionale nel 2010 quando, in occasione della manifestazione Cheese, assieme al formaggio omonimo fu presentato l'ironico, e iconico, Mac'd Bra. In Lombardia il Baule Manotovano si consuma, analogamente a quanto accade in quel di Bra, col salame omonimo, creando un morso tutto morbidezze se il suddetto baule viene impastato con lo strutto o, come accade più spesso ultimamente, con l'olio.

Ma l'abbinamento per prossimità territoriale si corona a tutte le latitudini: le tipiche coppiette ferraresi, a metà tra pane e grissino, si sposano di preferenza con Mortadella e Prosciutto Crudo così come, del resto, le crescentine modenesi, dette anche tigelle che, oltre a contemplare lo strutto nell'impasto, si sposano di preferenza col lardo finemente battuto col rosmarino e l'aglio. Michette, rosette e *stelìne*, ma anche maggiolini (*bofèl* o *balorès* in bergamasco) e tartarughe oppure, come le chiamano a Roma, le lunghe *ciriole*, sono eccezionalmente vocate, anche ergonomicamente, alla realizzazione di "panini" imbottiti. Come? A Roma tradizionalmente con la Porchetta di Ariccia oppure con la Mortadella o col salame a grana fine.

Nell'Italia centrale la piadina romagnola è, per dirla con Giovanni Pascoli, "il pane, anzi il cibo nazionale dei Romagnoli"[15], cui si aggiunge anche il marchigiano che, dalla sua, vanta anche il Filone casereccio, ancora realizzato nei forni artigianali e nelle case rurali col forno a legna. Altrettanto artigianale la Marocca di Casola, tipica della Lunigiana, che trova la sua combinazione prediletta col lardo di Colonnata e coi salumi locali, quasi tutti piuttosto salati; così come, sempre in Toscana, avviene al prestigioso Pane di Altopascio dalla caratteristica mollica alveolata e irregolare. Senza sale, tendente al dolciastro è anche il Pane di Patate della Garfagnana, tipico di tutta la Valle del Serchio, le cui grandi pagnotte, tagliate a fette, sono ottime se abbinate al salame prosciuttato, al biroldo e alla mondiola. In Lazio, il Pane casereccio di Genzano, con la sua innata sapidità, ben si combina col Prosciutto Crudo rustico locale mentre, in Abruzzo, il Pane di Solina, realizzato nei territori della provincia dell'Aquila nonché nei comuni montani delle altre tre province abruzzesi,

14 · vd. capitolo "La Geografia della Merenda Italiana".

15 · https://www.consorziopiadinaromagnola.it/storia-piadina-romagnola/

MORTADELLA FAVOLA GRAN RISERVA – PALMIERI

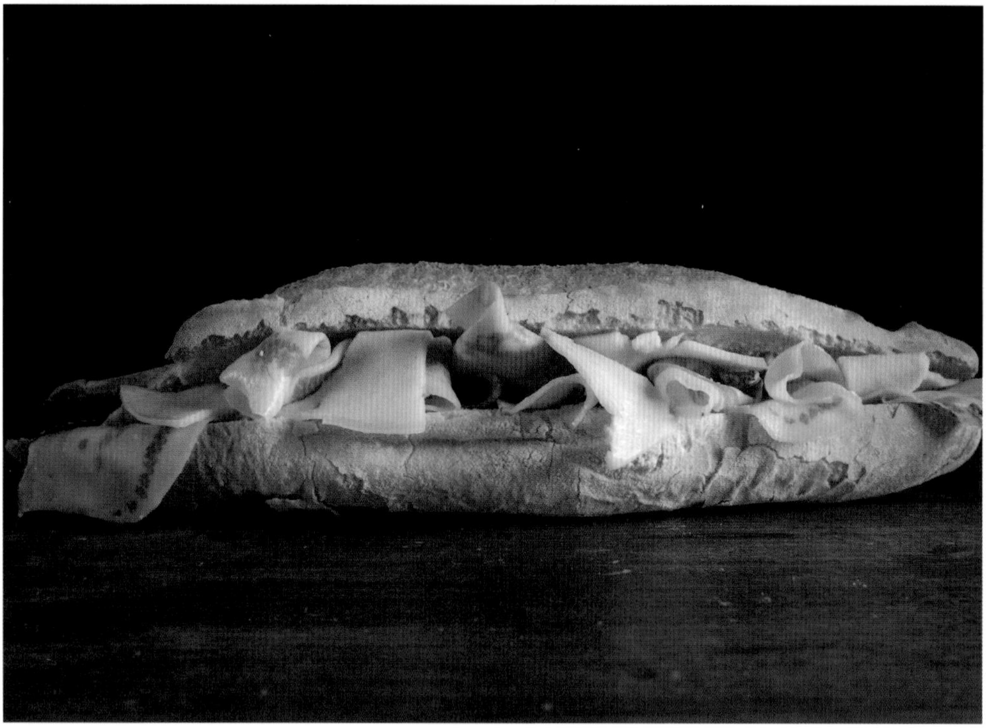

Ciriola Romana, Guanciale Amatriciano e pecorino artigianale con Bellone Spumante Lazio IGT

Roman ciriola, Guanciale Amatriciano and artisan pecorino cheese with Bellone Spumante Lazio IGT

Tyrolean bread. A similar type of bread is the Pan Ner of the Aosta Valley that, however, is better paired with *saucisses* and *boudeun*[14].

In Piedmont, the Bread of Bra is paired, also for geographical reasons, with the sausage of Bra, a food marriage that seems to echo the Italian proverb about "wives and oxen". This pairing was even sanctioned by the institutions in 2010 when, on the occasion of the Cheese event, the ironic and iconic Mac'd Bra was presented alongside the eponymous cheese. In Lombardy, the Baule Mantovano is paired, similar to what happens in Bra, with the salami of the same name, resulting in a very soft bread roll if the dough is prepared with lard or, as it happens more often lately, with oil.

But pairing bread and filling according to geographical proximity is common in every region: the typical Ferrara coppiette, a mix of bread and breadstick, are preferably paired with Mortadella and Prosciutto; the Modena crescentine, also called tigelle, include lard in their dough and are better paired with finely beaten lard, flavoured with rosemary and garlic. The michetta, rosetta and *stelìna* rolls, but also the *maggiolino* (*bofèl* or *balorès* in Bergamo dialect) and the *tartaruga*, or as they call them in Rome the long *ciriole*, are especially suited, also from a practical point of view to the creation of "panini". What filling? In Rome, they traditionally use the Porchetta of Ariccia, Mortadella, or fine-grained salami.

In Central Italy, the piadina Romagnola is, in Giovanni Pascoli's words, "the bread, indeed the national food of the people of Romagna"[15]; in the Marches they can boast the rustic Filone, still produced in artisan ovens and in rural houses with a log oven. Another artisan type of bread is the Marocca of Casola, typical of the Lunigiana area, which is perfectly paired with Colonnata lard and the quite salty local salami; also in Tuscany, a similar pairing is created with the prestigious Bread of Altopascio with its characteristic irregular and coarse crumb texture. The Garfagnana Potato Bread, typical of the entire Serchio Valley, without salt and with a sweet flavour, is produced in large loaves that are cut into slices and paired with salame prosciuttato, biroldo and mondiola for an excellent taste. In Lazio, the rustic bread of Genzano, due to its innate savoury taste, pairs well with the local rustic prosciutto, while the bread of Solina in Abruzzo, produced in the province of L'Aquila, as well as in the mountain villages of the three other Abruzzo provinces, is made from an

14 · see chapter "La Geografia della Merenda Italiana".

15 · https://www.consorziopiadinaromagnola.it/storia-piadina-romagnola/

rappresenta un'antichissima varietà di farina, appropriatissima coi salumi tradizionali abruzzesi.

Nel sud Italia, da notare, l'ampia disponibilità di grano, sia tenero che duro, ha privilegiato una diffusione maggiore di pane, cui viene associato un consumo proporzionale e, di conseguenza, pani di dimensioni più grandi e impasto più consistente in grado di dilatare la caratteristica più importante di qualunque manufatto di tipo alimentare: la conservabilità che, nel caso di un elemento così sostanziale, come il pane, era la prima tra le qualità. È ciò che riguarda soprattutto i leggendari pani di Altamura e, in generale, di tutti i grandi pani pugliesi che risentono della straordinaria varietà di grani del Tavoliere, circa 300 oltre ai famigerati Senatore Cappelli e Apulo e i cui prodotti si legano ai toponimi locali come Monte Sant'Angelo e Ischitella. Sempre al Sud, poi, non si potrà non citare il pane di Laterza e quello di Matera utilizzati, oltre che coi salumi locali, anche in combinazione con una quantità di ricette locali così come la pitta, tipica dell'arte bianca di Reggio Calabria e Vibo Valentia, ottima da farcire con 'nduja e capocollo. In Sicilia il *meusaro* utilizza la Mafalda, un pane di semola impreziosito da semi di sesamo, per il *pani câ meusa* (la milza), mentre in Sardegna la Spianata di Ozieri, nella versione delle cosiddette *puppias*, ovvero a forma di bamboline, viene imbottita di salsicce e formaggio.

PANE PUGLIESE — *PUGLIA BREAD*

MAFALDA SICILIANA — *SICILIAN MAFALDA*

ancient variety of flour that is perfectly paired with traditional Abruzzo cured meats.

In southern Italy, the widespread availability of both hard and soft wheat favoured a greater bread production, followed by an equally large consumption; this resulted in large-sized types of bread with a stronger dough, capable of extending the most important characteristic of any food product: its durability, that in the case of such an important food such as the bread, was the most important characteristic. This is particularly noted in the legendary bread of Altamura and, in general, in all the large types of Puglia breads that are affected by the extraordinary variety of grains grown in the region: about 300 including the famous Senatore Cappelli and Apulo wheat varieties used in products tightly connected with local toponyms such as Monte Sant'Angelo and Ischitella. Also in the South, it is important to mention the bread of Laterza and that of Matera that are paired with local cold cuts but also used in combination with several local recipes, as well as the pitta, typical product of the baking art of Reggio Calabria and Vibo Valentia, delicious when filled with 'nduja and capocollo. In Sicily the *meusaro* uses the *mafalda*, a durum wheat bread roll topped with sesame seeds, for the *pani câ meusa* (calf spleen), while in Sardinia the Spianata of Ozieri, also produced in the shape of dolls, the so-called *puppias* which are filled with sausage and cheese.

Mafalda Siciliana, Salame Sant'Angelo di Brolo IGP,
Piacentinu Ennese DOP con Etna Rosso DOC

Sicilian mafalda, Salame Sant'Angelo di Brolo PGI, Piacentinu Ennese PDO with Etna Rosso DOC wine

CAPITOLO IV

LA BOTTEGA ITALIANA

The Italian shop

CHAPTER IV

☞ C'era una volta la bottega di generi alimentari

C'era una volta, e c'è ancora. C'era già nella Pompei del primo secolo a. C., gremita di botteghe tra Via dell'Abbondanza e il Foro Triangolare. Nello specifico, al civico 1 di Via dell'Abbondanza c'era, dicono gli archeologi, una bottega attiva il giorno dell'eruzione, che rivendeva cibi e bevande sulla strada per mezzo di un grande affaccio con stipite in calcare e soglia in pietra. Varcato l'ingresso di questa bottega, allora come oggi, un grande bancone cavo per contenere cibi e bevande, sviluppato su tre lati. Sulla parte destra, una scala in legno consentiva di salire al piano superiore, forse utilizzato come magazzino o come alloggio dal proprietario di questo raffinato, ancorché ancestrale, esercizio commerciale. Ma, a proposito di primordi, se un tempo il commercio era nomade, organizzato per grandi vie di transito gestite da albergatori, mediatori e capi-carovane, con le prime comunità agricole, per loro natura stanziali, è lecito supporre che la prima bottega abbia aperto i battenti intorno al 3500 a.C. con la prima

☞ Once upon a time, there was the local food shop

In the past, and still today. In the first century BC, Pompeii was already full of food shops between Via dell'Abbondanza and the Triangular Forum. In particular, there was a shop at the beginning of Via dell'Abbondanza, archaeologists say, that was open on the day of the eruption and sold food and drinks to the citizens on the street through a large opening with limestone jambs and a stone floor. Inside the shop, almost like in today's shops, there was a large hollow counter that occupied three sides of the room and was used to store food and drinks. On the right side, a wooden ladder led to the upper floor, perhaps used as a warehouse or as accommodation by the owner of this refined, albeit ancestral, business. Speaking of ancient times, while trade was initially nomadic, carried out on large transit routes managed by hoteliers, mediators and caravan leaders, it all changed with the rising of the first agricultural communities, sedentary by nature. We can safely assume that the first shop started its activities

civiltà urbana insediata nelle valli dei fiumi della Mesopotamia, nel corso inferiore dei fiumi Tigri ed Eufrate.

Un modello che arriverà fino noi dal Mar Egeo passando per i Greci e, soprattutto, i Fenici, che determineranno il bello e il cattivo tempo del commercio marittimo mediterraneo tanto che la parola *émporos*, da cui arriva "emporio", indicava il mercante marittimo e, prima ancora, il passeggero di una nave[16]. Sarà per questo che all'alta cultura greca era invisa l'attività del commercio, cui era da sempre attribuita una finalità di lucro, come pure dimostra l'ambiguità di Ermes, dio dei mercanti e, contestualmente, anche dei ladri[17]. Successivamente, l'emporio diventa un centro commerciale a cui vengono portate le merci per la loro distribuzione, così come lo definisce J. Innes Miller nel suo monumentale lavoro sulla via delle spezie[18]. Ma se per i Greci l'*emporos* era il mercante all'ingrosso, il *kapelos* era, invece, il venditore al minuto; una divisione di ruoli che i Romani ricalcavano con *mercator*, ovvero il commerciante di *merces*, e con *coupo*, ovvero il piccolo commerciante. Le pratiche commerciali dell'Italia moderna si fondano dunque su un modello romano-ellenistico in seno al quale si sviluppò anche un sistema di pagamento molto diffuso ancora oggi, quello dell'assegno, dall'arabo *sakk*[19].

☞ La bottega nell'iconografia

Come ben evidenzia Antonio Ivan Pini[20], scarsissima letteratura sarà dedicata alle merci e relativi esercizi di vendita dall'età classica alla Rivoluzione Industriale. Per contro, l'iconografia italiana si rivelerà, da questo punto di vista, molto più generosa: nell'affresco sugli *Effetti del Buon Governo in città* di Ambrogio Lorenzetti si vede chiaramente un'infilata di botteghe cittadine, intente a tentare il passante coi manufatti tipici dell'industria urbana, abiti e stoviglie di terracotta, mentre dal contado, appunto, arrivavano uova e bestie da macellare. Nel bel volume illustrato *Storia del Commercio Italiano* vengono poi citate le miniature del

16 · P. D. Curtin, *Mercanti. Commercio e cultura dall'antichità al XIX secolo. Editori Laterza*, Bari, 1988, p. 80.

17 · ibidem.

18 · J. I. Miller, *Roma e la via delle spezie. Dal 29 a. C. al 641 d. C.*, Giulio Einaudi Editore, Milano 1974, p. 173.

19 · ibidem p. 121.

20 · *Mercati e Consumi. Organizzazione e qualificazione del commercio in Italia dal XII al XX secolo*, Edizioni Analisi, Bologna 1986, p. 29.

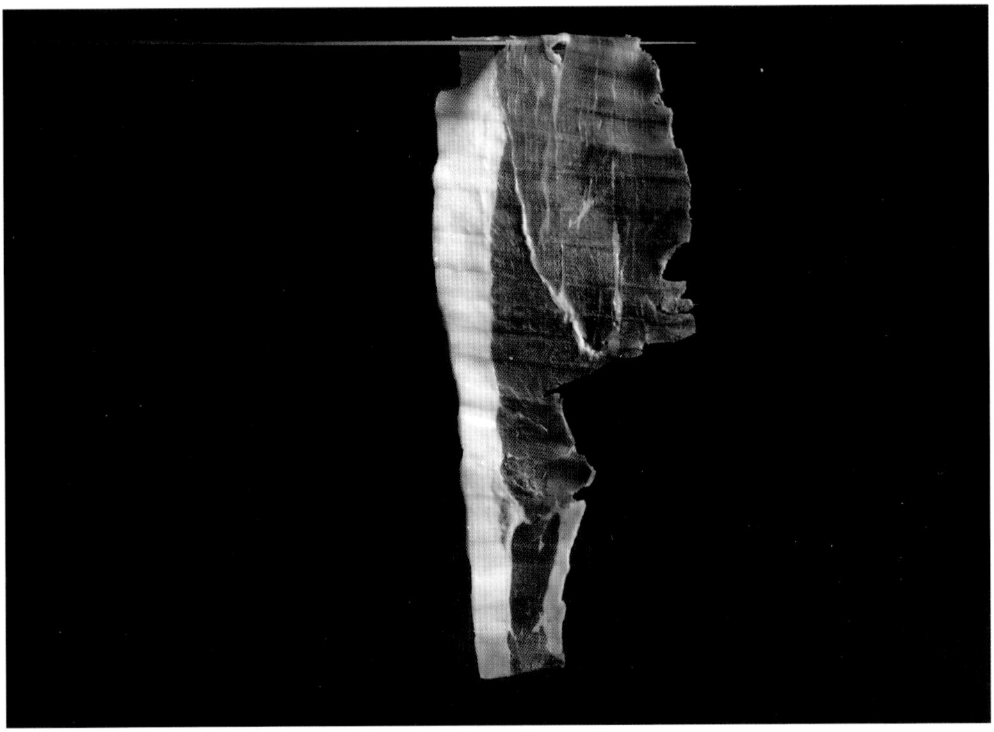

Prosciutto crudo Audax 30 mesi Ruliano
con Malvasia Colli di Parma DOC

Prosciutto crudo Audax 30 months Ruliano
with Malvasia Colli di Parma DOC

Degustazione di Salumi con
Lambrusco Emilia IGT

Tasting of Cured Meats with
Lambrusco Emilia IGT

Maggiolino con Salame Ungherese Coati e Birra IPA Indian Pale Ale

Maggiolino with Hungarian salami Coati and IPA Indian Pale Ale beer

Tartaruga, pecorino semi stagionato e Salame Milano Coati con birra Pilsner

Tartaruga, semi-hard pecorino cheese and Milan salami Coati with Pilsner beer

around 3500 BC when the first urban civilisation settled in the river valley of Mesopotamia, around the lower course of the Tigris and the Euphrates.

From the Aegean Sea, this trade model reached also Italy, passing through the Greeks and, above all, the Phoenicians. The latter ruled over the Mediterranean, completely controlling the maritime trade so much so that the word *émporos*, from which "emporio" is derived, indicated a maritime merchant and, before that, the passenger of a ship[16]. It was perhaps for this reason that the great Greek thinkers were averse to trade, as it had always been seen as a profit-oriented activity – well demonstrated by the ambiguity of Hermes, the god of merchants but at the same time the god of thieves[17]. Eventually, the emporium became a trade centre where goods were brought and stored to be distributed, as J. Innes Miller defined it in his monumental work on the spice trade route[18]. But while for the Greeks the *emporos* was the wholesale merchant, the *kapelos* was instead the retailer; a specific difference in roles that the Romans replicated with the *mercator*, the trader of *merces*, and the *coupo*, the small merchant. Thus, the trade system of modern Italy is based on Roman and Hellenistic models, which also introduced a payment system that is still widespread today: the cheque, from the Arabic *sakk*[19].

☞ The iconography of the local shop

As Antonio Ivan Pini[20] thoroughly analysed, there is very little literature dedicated to goods and shops from the classical age to the Industrial Revolution. On the contrary, the Italian iconography has been much more exhaustive from this point of view: the fresco *Effects of Good Government in the City* by Ambrogio Lorenzetti clearly shows a series of town shops with their owners intent on showing passers-by typical artisan items of the urban industry, clothes and terracotta dishes, while at the same time eggs and beasts to be slaughtered are brought into the city from the country. The beautifully illustrated book *Storia del Commercio Italiano* mentions

16 · P. D. Curtin, *Mercanti. Commercio e cultura dall'antichità al XIX secolo. Editori Laterza*, Bari, 1988, p. 80.

17 · ibidem.

18 · J. I. Miller, *Roma e la via delle spezie. Dal 29 a. C. al 641 d. C.*, Giulio Einaudi Editore, Milan 1974, p. 173.

19 · ibidem p. 121.

20 · *Mercati e Consumi. Organizzazione e qualificazione del commercio in Italia dal XII al XX secolo*, Edizioni Analisi, Bologna 1986, p. 29.

Maestro del Biadaiaolo illustranti alcuni episodi di vendita di grano in quel di Firenze, tra il 1320 e il 1335, aventi come argomenti le annate di buon raccolto e quelle di carestia e le contrattazioni dei mercanti all'ingrosso; ancora, negli affreschi del Castello di Issogne (AO) sono raffigurate, con dovizia di particolari, scene di vita commerciale quattrocentesca, come la bottega dello speziale, il mercato ortofrutticolo e quello dei "commestibili", ovvero dei venditori di salumi e formaggi. Negli anni a venire, pittori e vedutisti di tutte le epoche si cimenteranno nella rappresentazione della vita commerciale cittadina inaugurando un filone pittorico di cui saranno esponenti Carlo Pittara, Ettore Tito, Giacomo Favretto, Vincenzo Migliaro, Giacinto Gigante, Telemaco Signorini e Alceste Campriani, solo per citrine alcuni, e senza dimenticare il ciclo pittorico sulla "volgarità" delle cose veniali dedicato alle botteghe e ai bottegai da Vincenzo Campi.

☞ La bottega dalla Bologna pre-industriale ai giorni nostri

Ciò premesso, uno dei documenti più importanti attestanti la presenza e l'importanza della bottega nella storia d'Italia ci proviene dalla città di Bologna. Qui, grazie a un documento del 1758[21] l'accademico Fabio Giusberti tratteggia il profilo della bottega cittadina e le professionalità a essa associate nella fase pre-industriale della società cittadina. Ne sortisce un elenco di 1.232 esercizi ripartiti in 89 diversi mestieri, tra cui si contano 5 macellai, 11 granaroli, 54 lardaroli, 32 speziali, 25 venditori di pane e solo 1 ogliaro.

Cosa si evince da questa ripartizione? Che l'accorpamento dei generi alimentari in un unico esercizio di vendita, la bottega, è appunto affare assai recente, e tanto più recente è stato il deterioramento del tessuto commerciale stesso della bottega, per opera di questo fenomeno di accentramento, con l'avvento della grande distribuzione organizzata che, di questo, rappresenta appunto la acme. La moderna bottega di generi alimentari, dunque, però, prima di andare incontro al deterioramento degli anni '90, ha anche conosciuto momenti apicali. Uno di questi si è identificato con una delle botteghe più rinomate dell'Italia settentrionale: quella di Peppino Cantarelli che, nel retrobottega del suo ristante

21 · ibidem p. 671.

SOLO
CARNE
ITALIANA

CAPOCOLLO

the miniatures of the Maestro del Biadaiaolo, depicting scenes of grain sales in Florence between 1320 and 1335, and focuses on topics such as the years of good harvest and those of famine, and the negotiations of wholesale merchants; also, the frescoes found in the Castle of Issogne depict in detail scenes of fifteenth-century commercial activities such as the shop of the apothecary, the fruit and vegetable market and that of the "edible stuff", cured meats and cheeses. In the following years, painters and vedutisti from all eras would make their contribution to representing the commercial life of the city, giving life to a real genre of painting. Some of its exponents were Carlo Pittara, Ettore Tito, Giacomo Favretto, Vincenzo Migliaro, Giacinto Gigante, Telemaco Signorini, and Alceste Campriani, just to mention a few, not forgetting the painting series on the "vulgarity" of venial things by Vincenzo Campi, dedicated to shops and shopkeepers.

☞ The local shop from pre-industrial Bologna to the present day

That said, one of the most important documents providing evidence on the presence and importance of local shops in the history of Italy comes from Bologna. Thanks to a document from 1758[21], Fabio Giusberti, an academic, describes the town shops and the crafts connected with it in the pre-industrial phase of the town society. The result is a list of 1,232 shops divided into 89 different trades, including 5 butchers, 11 grain sellers, 54 lard sellers, 32 apothecaries, 25 bread sellers and just 1 garlic seller.

What can be deduced from this division? That the custom of selling various types of food in a single place, merging the food shops, is indeed a very recent habit. Even more recently, with the advent of large-scale food distribution that precisely represents the culmination of this merging phenomenon, the very existence of local food shops is under threat. The modern food shop, however, before going through the deterioration process of the 1990s, also reached its highest peak. An example was the most renowned locallyowned shop of northern Italy: the shop of Peppino Cantarelli who, in the back of his eponymous restaurant – where customers even arrived by helicopter – sold salts and tobacco, but also wine, cured meats, soaps and detergents, exotic delicacies such as Barnetts

21 · ibidem p. 671.

eponimo, dove i clienti arrivavano perfino in elicottero, oltre ai sali e ai tabacchi, al vino, ai salumi, alle saponette e ai detersivi, ospitava finezze esotiche come il salmone affumicato di Barnetts, i paté di Strasburgo, le marmellate scozzesi e il whisky di alto Bruchladdich, solo per citarne alcuni[22]. In tempi ancora più recenti, il benessere degli anni 2000 ha poi propiziato, dopo un momento di abbandono, un ritorno alla bottega, intesa nel senso "cantarelliano" di luogo fantastico tramite il quale poter accedere a un mondo di materie prime straordinarie, e di assoluta nicchia.

Sono, del resto, questi gli anni della nascita dell'Atlante delle Botteghe Storiche Italiane che censisce tutti gli esercizi commerciali che hanno mantenuto inalterata negli anni la loro vocazione di vendita al minuto, mentre è un fatto tutto contemporaneo il promettente (ri)fiorire di botteghe, gastronomie, negozi di alimentari, macellai, panettieri, fruttivendoli &. co.: ovvero di tutta quella categoria di piccoli negozi di vicinato che hanno registrato una crescita inaspettata soprattutto nel periodo di confinamento domestico imposto dalla pandemia di Covid del 2020[23]. Quanto durerà, questo fenomeno, non è dato saperlo: quel che è certo è che una rosa di nomi inamovibili come Peck a Milano, Volpetti a Roma e La Tradizione a Vico Equense continua a tracciare, per la bottega italiana, un orizzonte più che roseo.

22 · A. Grignaffini, *Nel nome del padre*. in *I Cantarelli. Storia e mito della cucina Italiana*, Gazzetta di Parma, 2013, p. 100.

23 · https://roma.corriere.it/notizie/cronaca/20_aprile_05/alimentari-vicinatotorna-vecchia-bottega-5049b20a-7697-11ea-91b2-6c33b390094b.shtml

smoked salmon, Strasbourg pâté, Scottish jam and Bruichladdich whisky, just to name a few[22]. In even more recent times, after a period of discontinuation, the economic well-being of the 2000s favoured a return to the local shop as Cantarelli meant it: a fantastic place that allowed customers to enter a world of extraordinary ingredients and purely niche products.

It is in fact in those years that the *Atlante delle Botteghe Storiche Italiane* was published; a guidebook which lists all the small shops that have maintained unaltered their retail vocation over the years. In the last couple of years, there has also been a very promising trend with the opening of new local shops, delicatessens, food shops, butchers, bakers, fruit stalls, etc.: all those types of small neighbourhood shops that have experienced unexpected growth recently, especially during the period of home confinement imposed by the 2020[23] Covid pandemic8. We do not know how long this trend will last, what we know is that there is a growing list of successful stores such as Peck in Milan, Volpetti in Rome and La Tradizione in Vico Equense, that are paving the way for a rosy future of the Italian local shop tradition.

22 · A. Grignaffini, *Nel nome del padre*. in *I Cantarelli. Storia e mito della cucina Italiana*, Gazzetta di Parma, 2013, p. 100.

23 · https://roma.corriere.it/notizie/cronaca/20_aprile_05/alimentari-vicinatotorna-vecchia-bottega-5049b20a-7697-11e-a-91b2-6c33b390094b.shtml

CULATTA DI BUSSETO 16 MESI – IBIS — *CULATTA DI BUSSETO 16 MONTHS – IBIS*

CAPITOLO V

LA GEOGRAFIA DELLA MERENDA ITALIANA

Geography of the Italian merenda

CHAPTER V

☞ La merenda, ovunque si va, si fa con quel che c'è

Il protagonista del racconto *La Sirena* di Tomasi di Lampedusa, l'illustre professor Rosario La Ciuria, senatore e grecista, ricorda non senza commozione uno spuntino a base di ricci di mare: "quelle cartilagini sanguigne, quei simulacri di organi femminili, profumati di sale e di alghe", che gustò "con avidità ma senza allegria, quasi compunto"[24]. Questa, va da sé, era una merenda aristocratica. Nella società pastorale e contadina, da sempre avvezza alla fame, la merenda scandiva invece i momenti di grande fatica collettiva come la mietitura o l'uccisione del maiale, quando venivano distribuiti cibi golosi, a compensare la fatica e, finanche, il dolore.

24 · Tomasi di Lampedusa, G., *La Sirena*, Feltrinelli, Milano, 2014, p. 45.

☞ No matter the place, the merenda is always based on local products

The protagonist of the story *The Siren* by Tomasi di Lampedusa, the illustrious professor Rosario La Ciuria, senator and Greek expert, recalls with passion a meal based on sea urchins: "those blood-red cartilages, those images of female organs, tasting of salt and sea-weed", that he ate "avidly but without gaiety, almost absorbed"[24].This was, of course, an aristocratic merenda. In pastoral and peasant societies where people had always been accustomed to hunger, the merenda instead celebrated an occasion of great collective effort such as the grain harvest or the slaughtering of a pig, when tasty food was passed around to compensate for their fatigue, or even injuries.

24 · Tomasi di Lampedusa, G., *La Sirena*, Feltrinelli, Milan, 2014, p. 45.

☞ Nord

Val d'Aosta, Piemonte Canavese e parte del Biellese sono accomunati da una merenda a base di sfoglia di polenta cotta nella fiamma viva del fuoco della legna – la *miassa* – condita col vernacolare *salignun*, ovvero una crema di ricotta pestata con erbe di montagna oppure col salame di patata: un prodigioso insaccato ripieno di pancetta, lardo e patate bollite, detto *bodeun*[25].

In Piemonte, poi, c'era anche la *merenda sinoira*[26], mentre in un'altra regione di montagna, l'Alto Adige, la faticosa vita del maso era scandita da ben cinque momenti dedicati al pasto: oltre a colazione, pranzo e cena, il contadino poteva contare sulla merenda della mattina – il cosiddetto *Holbmittog* – e quella della sera. Una tradizione, questa, che sopravvive ancora oggi e che in autunno prende il nome di Törggelen, perché oltre ai prodotti raccolti, e a quelli un tempo barattati come speck altoatesino, salamino affumicato e Schüttelbrot, metteva, assieme ad abbondanti e trasognati calici di Schiava, le immancabili caldarroste. In Friuli, invece, per merenda si prepara una gustosissima focaccia coi ciccioli che, a Pasqua, viene sostituita col *Pistun*, una preparazione in limine tra dolce e salato che consta di polpettine di pane raffermo, pinoli, uva passa, zucchero uova, erbe fresche ed erbe aromatiche. Quanto al Veneto, poi, ci sono i *cicheti* delle osterie veneziane, oggi tentacolari aperitivi, ieri merende semplici, gustose e salatissime, ché salata era, in Veneto, la merenda tradizionale.

A Milano, oltre alla già citata michetta farcita col Crespone c'era anche il *pan de mei* (non più di miglio bensì, oggi, di mais) a novembre, mentre sempre in Lombardia, nel Basso Mantovano, spopolava in quel di Felonica il *tiròt*: una focaccia sottile tipica del periodo mezzadrile che i braccianti condivano con la cipolla gialla (originaria di Sermide e della stessa Felonica). Questa specialità – presidio slow food dal 2013 – viene celebrata con una sagra che ricorda proprio il rito della merenda, in dialetto *sgansega*. Quanto all'Emilia-Romagna, se in tutta la regione imperversano e insistono i migliori salumi d'Italia, peculiare è stato il senso degli emiliani e dei romagnoli nella produzione di manufatti da accompagnamento, come la tigella (o crescentina montanara), il gnocco fritto, il borlengo o la piadina. Che l'Emilia-Romagna della merenda nostrana sia uno degli epicentri, però, è evidente grazie alla peculiarità

25 · vd. cap. Pane e Salame.

26 · ibidem.

TIGELLE

☞ The North

The Aosta Valley, the Canavese area in Piedmont and part of the province of Biella all share a merenda based on polenta pastry cooked over the high flame of a log burner – the *miassa* – topped with the vernacular *salignun*, ricotta cream crushed with mountain herbs or with potato salami: delicious sausage filled with bacon, lard and boiled potatoes, known as the *bodeun*[25].

Also in Piedmont, there was the *merenda sinoira*[26], while in another mountainous region, the South Tyrol, the exhausted farmers who worked in the masos could enjoy as many as five moments dedicated to the meal: in addition to breakfast, lunch and dinner, they had merenda in the morning – the so-called *Holbmittog* – and again in the evening. This tradition still survives today. In autumn, it takes the name of Törggelen because, in addition to harvested products and those traditionally traded as South Tyrolean speck, smoked salami and Schüttelbrot, it was accompanied with abundant and divine glasses of Schiava wine and the always present roasted chestnuts. In Friuli, they prepare a tasty focaccia with ciccioli for merenda. At Easter, it is replaced with the *Pistun* that is both sweet and savoury and is made from meatballs of stale bread, pine nuts, raisins, sugar, eggs, fresh herbs, and aromatic herbs. Veneto is renowned for its *cicheti* served in the Venetian taverns, and although today they are gourmet aperitifs, in the past they were a simple, tasty and extremely salty merenda, as the merenda has always been traditionally savoury in Veneto.

In Milan, besides the aforementioned michetta with Crespone, in November there was also the *pan de mei* (today made from corn instead of millet), while to the south of Mantua, in Lombardy, the most popular merenda among the people of Felonica was the *tiròt*: a thin focaccia typical of the sharecropping period that the workers filled with yellow onion (locally grown in Sermide and Felonica). This specialty – recognised by the Slow Food presidium since 2013 – is celebrated with a festival that evokes exactly the ritual of the merenda, known as *sgansega* in dialect. Regarding Emilia-Romagna, this is certainly the region where the best Italian cured meats are produced and sold, but it is also peculiar to note the creativity of the people of both Emilia and Romagna in inventing accompaniments such as the tigella (or mountain crescenza), fried gnocchi, the borlengo

25 · see chapter, Bread and salami.

26 · ibidem.

tutta locale di "sgrassare il grasso col grasso", tanto che anche i panificati sono qui spesso impastati con lo strutto e, quando non contemplano salumi, mettono abbondante grasso di maiale nella sfoglia come accade col re delle merende verdi regionali: l'*erbazzone*, ovvero una sfoglia di strutto e farina farcita di biete, cipollotti, lardo e Parmigiano, che vanta ben due illustri varianti: lo *scarpazzone* montanaro di Carpineti (che prevede l'aggiunta di riso, ingrediente che per molti abitanti del luogo costituiva una sorta di aggiunta alla paga) e lo *scarpasot* di Correggio che, invece, non vanta alcun involucro di pasta, ma farina anche nel ripieno. Chiudiamo il giro in Liguria e coi panigacci della Riviera Ligure di Ponente che, sovrapposti in pile a decine e fatti arroventare uno ad uno, sono consumati ancora caldi assieme a salumi e formaggi, così come accade ai *panigazi* e alle *focaccette* di Aulla.

Nella zona di Badalucco c'è poi la *carpasina* dei pastori, prodotta e realizzata con farina di orzo piemontese macinata a pietra: un pane biscottato secco strofinato con aglio e quindi reidratato con acqua e aceto e condito con pomodoro, acciughe e basilico, simile alle *ciappe*, il pane biscottato dei marinai, di cui sono stati a lungo maestri i fornai della Valle Argentina. Tra le merende liguri impossibile non citare, poi, la *focaccia genovese*, che si consuma a tutte le ore, anche a colazione col caffellatte, o la *Focaccia di Recco col Formaggio* (IGP), la cui storia risale addirittura alla fine del XII secolo.

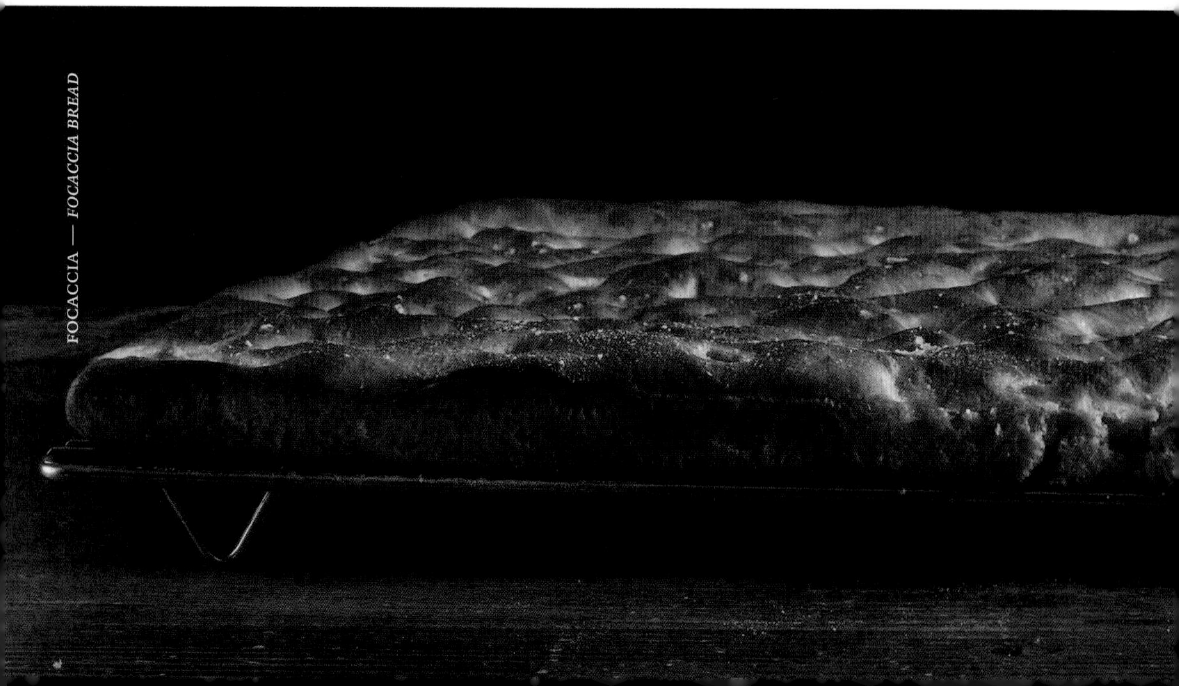

and the piadina. Further proof that Emilia-Romagna is one of the main centres of the national merenda, however, is the peculiar local habit of "degreasing fat with fat", so much so that most baked products here have lard in their recipe, and even when they are not served with cold cuts, they add abundant pork fat to the dough, for example, the king of the regional green merenda: the *erbazzone*, puff pastry made from lard and flour and filled with beets, spring onions, lard and Parmesan cheese, available in two famous variants: the mountain *scarpazzone* of Carpineti (which includes the addition of rice, an ingredient that in the past was used as a top-up in the salaries of many of the locals) and the *scarpasot* of Correggio that does not have a pastry base but includes flour also in the filling. Lastly, Liguria offers the *panigacci* of the Western Ligurian Riviera that are stacked in piles of dozens and heated one by one, to be eaten while still hot with cold cuts and cheese; the same happens with the *panigazi* and the *focaccette* of Aulla.

In the Badalucco area, there is also the shepherds' *carpasina*, made from stone-ground Piedmontese barley flour: a dry toasted bread rubbed with garlic, then softened with water and vinegar, and topped with tomato, anchovies and basil. It is similar to the *ciappe*, the toasted bread of the sailors, that was traditionally produced by the master bakers of the Argentina Valley. Among the Ligurian choices of merenda, it is also important to also mention the *focaccia genovese*, which is eaten at all hours of the day, even at breakfast with latte, or the Focaccia di Recco col Formaggio (PGI), which dates back to the end of the 12th century.

☞ Centro

Vicino a quello ligure, il testarolo della Lunigiana, in Toscana, che col suo pane sciapo vanta una profusione di "pane e..." da far impallidire qualunque altra regione: pane e olio; pane, olio e pomodoro; pane strusciato col pomodoro; pane olio e aceto; con gli affettati (prosciutto toscano, salame, mortadella, soppressata, buristo); con la salsiccia cruda; col formaggio; coi fighi e il prosciutto; col burro e le acciughe; col vino... solo per dirne alcuni. Ma, sempre in Toscana, non si può dimenticare il *ciaccino senese*, una deliziosa focaccia dorata ripiena di prosciutto cotto e formaggio filante né, a Firenze, il *panino col lampredotto*, ovvero un panino imbottito coi ritagli del quarto incavo dello stomaco di bovino. Dopo la Toscana si scende dunque in Umbria dove s'incontrano i *bocconcelli*, dei dolcetti salati al formaggio, un tempo dispensati in occasione delle feste di paese, o una variante molto affine alla piadina che qui si fa chiamare *torta al testo* o *crescia sfogliata*, mentre in quel di Gubbio si chiama *crescia al panaro* e diventa ad Ascoli *caccia 'nnanza*: ovvero "togli prima" poiché, cotta prima del pane, serviva per verificare la temperatura del forno. Nelle Marche nascono già pensati e predisposti per la merenda il *chichiripieno* di Offida e il *crostolo* di Montefeltro, consumati caldi con salsiccia ed erbe di campo, oppure prosciutto, lonza e formaggio, mentre in Lazio, oltre alla già citata *ciriola* romana e alla pizza in teglia, da ricordare è senz'altro la *ciambella sorana* profumata di anice e consumata coi salumi, come spezza-fame. I grandi pani di Abruzzo e Molise ben si prestano, poi, ad essere buschettati, così come il *pane nobile* di Guardiagrele.

☞ Central Italy

Similar to the Ligurian one, the testarolo of Lunigiana is produced in Tuscany, a region known for its nosalt bread; it can boast an incredible variety of bread pairings that would make any other region pale in comparison: bread with olive oil; bread with olive oil and tomatoes; bread rubbed with tomato; bread with olive oil and vinegar; with cold cuts (Tuscan ham, salami, mortadella, soppressata, buristo); with raw sausage; with cheese; with figs and ham; with butter and anchovies; with wine... just to mention a few. Other important Tuscan products that need to be mentioned are the *ciaccino senese*, a fragrant golden focaccia filled with ham and melted cheese, and the *panino con lampredotto*, a bread roll typical of Florence filled with cuts from the fourth stomach compartment of bovines. After Tuscany, we continue with Umbria where you can try the *bocconcelli*, savoury cheese sweets that in the past were offered during the local festivals, or a product very similar to the piadina that here is called *torta al testo* or *crescia sfogliata*, while in Gubbio it is called *crescia al panaro*. In Ascoli they call it *caccia 'nnanza*: it means "take it out earlier" because it was cooked before the bread and could be used to check the temperature of the oven. In the Marches, the *Chichiripieno* of Offida and the *crostolo* of Montefeltro seem to have been invented and prepared exactly to be served as a merenda; they can be eaten hot with sausage and wild herbs, or ham, loin and cheese. In Lazio, besides the aforementioned Roman *ciriola* and the typical sheet pan pizza, another specialty is the *ciambella sorana* scented with anise and eaten with cold cuts when hungry. The large types of bread of Abruzzo and Molise are well suited to being toasted and eaten as bruschetta, as is the *pane nobile* of Guardiagrele.

CIABATTA

☞ Sud e isole

Sulla stessa scia del panino col lampredotto, a Palermo insiste il panino con la milza (*pane ca meusa*) mentre lo *sfincione*, condito di sugo di pomodoro e caciocavallo, ha la sua variante nella versione col pangrattato e le acciughe o le cipolle e le sarde. Sempre in città, patria di quello che abbiamo ribattezzato, in tempi moderni, *street food*, c'è poi il *pane con le panelle* (inizialmente devozionali, solo il 13 dicembre in onore di Santa Lucia) oppure le *stigghiole* (involtini di budella di agnello o capretto condite con prezzemolo e cipolla). Ma la Sicilia brulica di occasioni di consumo afferenti alla dimensione della merenda, come dimostra in occasione di processioni e passeggiate per le città con la sua *calia* e la *simenza*, ovvero con ceci e semi di zucca tostati, che sopravvivono pure in Puglia, nel barese, dove si chiamano *frissiddë* mentre, a Napoli, prendono il nome di *spassatiempo*. In Puglia, e precisamene a Bari, la *focaccia barese* esaudisce molte delle velleità della merenda locale, sebbene leggenda narri che sia nata ad Altamura come alternativa al pane. Già condita, pare che anche la focaccia barese sia nata per ottimizzare i tempi di cottura del pane dal momento che l'accensione del forno a legna era lunga e la temperatura interna quasi sempre un'incognita. Sempre in Puglia, in quel di Taranto, gli ambulanti vendevano, sul litorale, corroboranti *pampanelle* di latte cagliato avvolto in foglie di fico, mentre come spezza-fame ai bimbi, prima della scuola, venivano lasciate le *sgagliozze*, ovvero piccole frittelle di polenta da mangiare all'uopo, mentre tra Lecce, Taranto e Brindisi, ovvero nel Salento, spopola la *puccia*, solitamente farcita con cipolle, olive, capperi, acciughe, pomodoro e peperoncino. Ancora, saliamo in Campania dove, in Cilento, resiste il *pane del pescatore* condito con alici spezzate e olive nere, mentre le *friselle*, trasversali in tutto il sud Italia, nascono pre-porzionate e, previa immersione nell'acqua di mare, zelantemente strusciate con pomodoro, olio, origano e basilico. In Calabria, infine, la *Pizzata*, gialla di mais, tradizionalmente preparata nel periodo autunnale per essere condita all'uopo con l'olio nuovo durante la molitura delle olive o coi *curcuci* (ritagli di carne), la cotenna e la sugna in occasione della macellazione del maiale.

☞ Southern Italy and the Islands

In a similar vein as the panino con lampredotto, the *pane ca meusa* (bread roll with spleen) is still very popular in Palermo, while the *sfincione*, topped with tomato sauce and caciocavallo cheese, is also sold in other variants with breadcrumbs and anchovies, or onions and sardines. In the city – the home of street food as it is more common to say these days – you can also find the *pane con le panelle* (once a devotional food prepared only on 13 December in honour of St. Lucy) and the *stigghiole* (rolls of lamb or kid guts filled with parsley and onion). But in Sicily there are always plenty of opportunities to enjoy a merenda. For example, on the occasion of processions or while enjoying a stroll in the town centre, people eat *calia* and *simenza*, toasted chickpea and pumpkin seeds; a tradition which also survives in Puglia in the area of Bari where they are called *frissiddë*, while in Naples they take the name of *spassatiempo*. In Puglia, precisely in Bari, the *focaccia barese* fulfils most of the needs of those who crave a merenda, although legend has it that it was invented in Altamura as an alternative to bread. Already topped with ingredients, it seems that also the Bari focaccia was created to optimise the cooking time of the bread as starting a wood-fired oven took a long time and the internal temperature was almost always unknown. Also in Puglia, in Taranto, street vendors on the coast used to sell the *pampanelle*, energy-boosting food made from curdled milk wrapped in fig leaves. Instead, the *sgagliozze*, flat slices of fried polenta, were given to children in the morning so that they could take them to school and eat them if they felt hungry. In Salento, the area between Lecce, Taranto and Brindisi, the most popular merenda is the *puccia*, usually filled with onions, olives, capers, anchovies, tomato and chilli. Slightly to the north in Campania, the tradition of the *pane del pescatore* filled with crushed anchovies and black olives is still alive in Cilento, while the *friselle*, common to most parts of Southern Italy, are prepared in portions and, after dipping in sea water, thoroughly rubbed with tomato, oil, oregano and basil. Finally, the yellow *Pizzata* of Calabria made from corn, traditionally prepared in autumn to be seasoned before eating with fresh olive oil during the milling season or topped with *curcuci* (meat cuts), rind and lard on the occasion of the slaughtering of the pig.

SULLE SPEZIE

On spices

Tremila anni prima di Cristo ne erano già note quasi cinquemila.

Egiziani, Sumeri, Cinesi, Persiani, Assiro-Babilonesi le usavano per preparare medicine, per scopi alimentari e per riti sacri. Così come anche nel Medioevo si è mantenuto il loro utilizzo per scopi officinali, in cucina e per preservare la durata del cibo.

Durante l'Impero Romano erano una merce molto preziosa al pari della sete e delle gemme ed il loro prezzo veniva pagato in oro.

Sto parlando naturalmente delle spezie, l'ingrediente più ambito e merce di scambio fin dai secoli più lontani ed ancora oggi elemento fondamentale in tutte le cucine, da quella italiana a quelle internazionali.

Le più utilizzate nella cucina italiana sono circa una trentina (tra cui pepe, zenzero, cannella, chiodi di garofano, noce moscata, coriandolo, cumino e curcuma di origine asiatica, alloro, zafferano, ginepro, peperoncino, cerfoglio, anice e senape di origine mediterranea).

Esse danno personalità ad ogni preparazione che le contiene oltre a definire la specificità territoriale di appartenenza.

Spesso se ne parla come condimenti miracolosi, il più delle volte solo un'assunzione costante e controllata dona dei veri benefici.

Already three thousand years before Christ, five thousand types were known.

Egyptians, Sumerians, Chinese, Persians, Assyrians and Babylonians used them to prepare medicines, food, and even in sacred rites. Also during the Middle Ages, they were used for the same purposes, for medicinal preparations, in recipes and to preserve the durability of food.

During the Roman Empire, they were a very valuable commodity, as precious as silk and gems, and they were paid in gold.

I am of course talking about spices, the most coveted ingredient and commodity since ancient times and still today an essential element in Italian and international cuisine.

The most used spices in Italian cuisine are about thirty (including black pepper, ginger, cinnamon, cloves, nutmeg, coriander, cumin and Asian turmeric, bay leaf, saffron, juniper, chilli pepper, garden chervil, anise and Mediterranean mustard seeds).

In addition to giving a unique flavour to each dish, they also highlight the specificity of the area they come from.

Le spezie possono essere considerate a tutti gli effetti il "sale dei cibi". Insaporiscono e caratterizzano le pietanze arricchendole di nutrienti importati per l'organismo e, in alcuni a casi aiutano ad allungare i tempi di conservazione dei cibi.

All'apparenza sembrano semplici prodotti agricoli ma racchiudono al proprio interno anni di storia, cultura e una moltitudine di sapori riconosciuti e caratteristici in tutto il mondo.

Il loro possesso, in epoche ormai lontane, era sinonimo di lusso e ricchezza, almeno fino alle soglie dell'età contemporanea, quando tecniche e gusti ne ridimensionano il valore. Non a caso il termine stesso "spezie" deriva dal latino *species*, a voler indicare merci "speciali" rispetto a quelle ordinarie.

In questo contesto anche l'uso che se ne faceva era straordinario, sia come ingrediente per le lavorazioni alimentari a base di carne, sia come aromatizzante che come conservante; esaltano i sapori, caratterizzano e ne definiscono il gusto.

Dal XIX secolo però il loro utilizzo comincia a calare perché, grazie alla tecnologia e all'innovazione industriale, iniziano ad affermarsi gli aromi naturali e gli estratti.

Anche se li ritroviamo agli ultimi posti nell'elenco degli ingredienti alimentari perché la loro quantità usata è minima, ormai sono fondamentali per determinare e migliorare il *carattere* di ogni alimento, sia salato che dolce in quanto ne esaltano il gusto.

Per esempio, nella produzione di svariate tipologie di salumi vengono utilizzate spezie per intensificare appunto il gusto della carne così da poter esaltare il profumo del prodotto finale.

Le componenti aromatiche delle spezie contribuiscono alle percezioni olfattive e gustative dei cibi dove queste sono presenti. Abbiamo spezie che addolciscono come la cannella, l'anice stellato, il coriandolo, il sesamo, la noce moscata e spezie piccanti come il chiodo di garofano, lo zenzero, il pepe, il cardamomo.

Pertanto, l'aggiunta di spezie è molto importante soprattutto in specifici salumi, uno su tutti il salame, perché aiutano a definire la tipicità del gusto in base a regole dettate dalla tradizione dei vari luoghi.

Spezie ed aromi sono dunque essenze in grado di conferire note particolari che invitano alla degustazione.

Gli aromi naturali, però, offrono un grande vantaggio: il più importante è che ne viene utilizzato un dosaggio minimo rispetto all'equivalente spezia essiccata oltre ad essere un prodotto standard, stabile ed omogeneo.

They are often described as miraculous ingredients, though most of the time they provide real benefits only if consumed constantly and regularly.

Spices can certainly be considered the "salt of food". They give flavour and make a dish unique, enriching it with important nutrients and, in some cases, they also help to extend the shelf life of food.

At a quick glance, they might look like simple agricultural products but they embody years of human history, culture, and a multitude of well recognised flavours, typical of all parts of the world.

In times past, their possession was a sign of luxury and wealth, at least until the beginning of the contemporary age when the evolution of techniques and tastes reduced their value. It is no coincidence that the term "spices" derives from the Latin *species*, as if these goods were "special" compared to ordinary ones.

In this context, also the way they were used was extraordinary: as an ingredient for meat-based dishes, for seasoning food, as well as a natural preservative; they enhance flavours, give uniqueness, and define the taste of a dish.

Starting from the nineteenth century, however, their use began to decline because of technological and industrial innovation, and natural flavourings and extracts started to be widely used.

And even though they are always located at the end of the list of ingredients because only a minimal quantity is used in foods, they are now fundamental to decide and improve the *character* of both savoury and sweet foods, as they can enhance their flavour.

For example, spices are used in the production of various types of cured meats to boost the taste of the meat in order to enhance the aroma of the final product.

When used in food, the aromatic components of spices also change the way food smells or tastes. There are spices such as cinnamon, star anise, coriander, sesame and nutmeg that make food sweeter, and spices such as cloves, ginger, black pepper and cardamom that make food spicier.

Therefore, adding spices is particularly important in certain cured meats, especially salami, as they help to define the uniqueness of its taste according to rules based on the tradition of the various places.

Spices and flavourings are essences capable of giving particular notes to food to make it more appetising.

PANCETTA CALABRESE DOP — *PANCETTA OF CALABRIA PDO*

Diversamente da quanto pensano alcune persone, l'utilizzo degli aromi non è da sottovalutare ma al contrario è da esaltare in quanto solo in Europa sono conosciuti ed utilizzati più di duemila aromi naturali tutti di diversa origine e per differenti lavorazioni alimentari.

Le industrie produttrici oltre ad utilizzare tecnologie sempre più all'avanguardia collaborano con i più esperti specialisti aromatieri per offrire ai consumatori prodotti sempre più autentici e genuini.

Tuttavia un altro aspetto da non sottovalutare è quello microbiologico: diversamente dalle spezie, gli aromi naturali non hanno un numero elevato di microrganismi, anche se si considera la sola conta della carica batterica mesofila essa è molto ma molto inferiore. Si evitano così anche gravi problemi di tipo microbiologico.

In conclusione, l'impiego degli aromi naturali è legato ai sensi del gusto e dell'olfatto, ne migliorano il sapore e l'intensità della pietanza. La loro presenza è quindi fondamentale per esaltare le funzioni sensoriali dei cibi, vivacizzandone gli odori e la gustosità in modo da realizzare prodotti sempre più sani ed in linea con quanto richiesto dal consumatore.

Marco Volturno

Natural flavourings, however, have a great advantage: only a minimum quantity is used compared to the equivalent amount of dried spices, and in addition, they are a standard, stable and homogeneous product.

Contrary to what some think, the use of flavourings should not be opposed, instead, it should be encouraged; more than two thousand natural flavourings are known and used just in Europe, all of different origins and used for processing different foods.

Not only manufacturing industries use increasingly cutting-edge technologies, but they also collaborate with the greatest experts on flavourings to offer their consumers always authentic and genuine products.

However, another aspect that must not be underestimated is microbiological safety: different from spices, natural flavourings do not contain a high number of microorganisms; even when taking into consideration only the concentration of mesophilic bacteria, it is much, much lower. This helps to avoid serious microbiological problems.

In summary, the use of natural flavourings is related to the sense of taste and smell, they improve the flavour and appeal of a dish. Their presence is therefore fundamental to increase the attractiveness of food, enhancing its aroma and taste in order to make products increasingly healthier and in line with the needs of consumers.

DEGUSTAZIONE E ABBINAMENTI

Tastings and pairings

☞ Degustazione

Ritorno al passato, se la degustazione di un salume rappresenta l'attimo che precede la scoperta, l'emozione, la curiosità di scrutare nuove traiettorie gusto olfattive, l'abbinamento con il vino e bevande in genere richiede anni di esperienza e molti assaggi tra dubbi e certezze ma, in questo caso specifico consigliamo la comfort zone del matrimonio tradizionale tra vino e merenda presente in ogni angolo della bella Italia. Non mancano i consigli di abbinamenti estrosi con cocktail e birre che abbiamo avuto la fortuna di sperimentare in tanti anni di percorso nel fantastico mondo dell'enogastronomia nazionale.

☞ Tastings

A journey into the past. While the tasting of salami represents the moment of discovery, the excitement, the desire to experience unfamiliar tastes and aromas, pairing food with wine and drinks generally requires years of experience and a long trial and error process. In this specific case though, we recommend remaining in the comfort zone of the traditional pairing between merenda and wine, typical of every part of our beautiful Italy. You will also find interesting suggestions for creative pairings with some cocktails and beers that we have been lucky to try in our long years of exploring the fantastic world of national food and wine traditions.

SALAME MILANO E SALAME UNGHERESE – COATI — *MILAN SALAMI AND HUNGARIAN SALAMI – COATI*

BRESAOLA IGP – PAGANONI
Colore rosso rubino uniforme, la parte magra si sviluppa compatta e morbida, al gusto le sfumature ferrose allungano la persistenza saporita, graffio speziato in chiusura.

CULATTA DI BUSSETO 16 MESI – IBIS
Non delude mai, la struttura magra protetta dalla cotenna e dal grasso bianco marmoreo in fase di stagionatura garantisce continuità e regala un assaggio tonico, dolce e saporito, la progressione gustativa equilibrata certifica una filiera di alta qualità.

GUANCIALE AMATRICIANO – SANO
Un guanciale mirabile dal profumo nitido, gusto saporito e giustamente speziato, bella proporzione grasso magro. Ingrediente eccellente per la vera Gricia, Amatriciana, Carbonara... protagonista della cucina popolare italiana.

MORTADELLA FAVOLA GRAN RISERVA – PALMIERI
Una scultura morbida dal design artigianale, una mortadella favolosa dalla livrea rosata lucente, la cottura in cotenna sprigiona un profumo caldo e invitante, il gusto leggero è animato dal tocco magico del sale di Cervia.

PANCETTA 24 MESI – BETTELLA
Al taglio emana profumi invitanti, la parte grassa avvolge le striature magre dal colore luminoso, al palato è dolce, vellutata e di grande aderenza al palato.

PROSCIUTTO COTTO SAN GIOVANNI – CAPITELLI
Profumo invitante e di buona intensità, gusto leggiadro e progressione vellutata, delicatamente saporito.

PROSCIUTTO COTTO ANTIBIOTIC-FREE "QUI TI VOGLIO" – MARTELLI
La fetta rosata con grasso nitido emana profumi delicati di buona intensità, al gusto ha una tattile morbida, si sviluppa con leggerezza e persistenza.

BRESAOLA PGI – PAGANONI
Uniform ruby red colour, the lean part is compact and soft, a pleasant ferrous taste that lingers in your mouth with a strong spicy finish.

CULATTA DI BUSSETO 16 MONTHS – IBIS
It never disappoints. Its lean structure preserved by the rind and by the white layer of fat during maturation guarantees cohesiveness and produces a tonic, sweet and pleasant flavour; the balanced taste while being chewed is proof of a high-quality supply chain.

GUANCIALE AMATRICIANO – SANO
Delicious guanciale with a distinct aroma, pleasant taste and a slightly spicy taste, great balance between lean and fat parts. The perfect ingredient for the real Gricia, Amatriciana, Carbonara... the protagonists of Italian traditional cuisine.

MORTADELLA FAVOLA GRAN RISERVA – PALMIERI
A delicately crafted soft sculpture, a fabulous mortadella with a shiny pink livery, the cooking in the rind releases a warm and inviting aroma, the soft taste is enlivened by the magic touch of Cervia salt.

PANCETTA 24 MONTHS – BETTELLA
When sliced, it exudes inviting aromas, the fatty part wraps around the lean streaks of bright colour, it is sweet, velvety and with great grip on the palate.

SAN GIOVANNI HAM – CAPITELLI
Inviting and intense aroma, a smooth flavour and a soft chew, delicately tasty."

ANTIBIOTIC-FREE HAM "QUI TI VOGLIO" – MARTELLI
The rosy slices with white fat inclusions echo a slightly intense delicate aroma, a soft texture, the taste is light and persistent.

Ciabatta con burrata, pomodori secchi
e prosciutto cotto antibiotic-free
Martelli con Franciacorta Satèn

*Ciabatta with burrata, dried tomatoes
and Martelli antibiotic-free
ham with Franciacorta Satèn*

PROSCIUTTO CRUDO AUDAX – RULIANO

Al cuore è rosso rubino, la parte grassa risulta ben integrata nella fibra magra, attacco e sviluppo dolce con graffio di frutta a guscio, bellissima persistenza e velata traccia sapida.

PROSCIUTTO DI PARMA DOP 24 MESI – FERRARI

Stagionatura esemplare e sale digerito alla perfezione, olfatto delicato e nitido, all'assaggio prevale l'equilibrio dolce, la parte grassa regala una chiusura rotonda e piacevole.

PROSCIUTTO BARRIQUE – GALLONI

A monte del passaggio in barrique ci sono tecnica e precisione per garantire uno sviluppo di profumi avvolgenti. Alle caratteristiche classiche di stagionatura si aggiungono sfumature speziate e di frutta secca, persistenza precisa e impeccabile.

SALAME FELINO IGP – ERMES FONTANA

Rosso rubino, al taglio la fetta presenta un impasto a grana media con un giusto rapporto tra parte magra e grassa, gusto morbido, dolce sapido, ottima persistenza.

SALAME UNGHERESE – COATI

Rosso vivo, grasso puntellato, impasto delicato a grana fine, sprigiona profumi speziati e un sottile tocco affumicato, gusto rotondo e ottimo allungo saporito.

SALAME MILANO – COATI

La fetta ha un corretto rapporto grasso magro, dall'impasto sottile emergono sentori speziati registrati anche al gusto, buona intensità e complessità.

SPECK IGP – PFITSCHER

Olfatto speziato e affumicatura ben integrata, cornice di grasso bianco rosato, gusto ampio e rotondo, chiusura avvolgente.

PROSCIUTTO CRUDO AUDAX – RULIANO

A ruby red heart, the fat is well mixed with the lean parts, a sweet first bite and chew with a nut flavour note and a pleasant after taste with slightly savoury notes.

PROSCIUTTO DI PARMA PDO 24 MONTHS – FERRARI

Exemplary maturation and perfectly absorbed salt, delicate and distinct aroma, slightly sweet on the first bite, the fat part offers a pleasant and intense finish.

PROSCIUTTO BARRIQUE – GALLONI

Maturation in a barrel requires techniques and precision to ensure the development of its intense appetising aroma. In addition to the typical characteristics obtained through maturation, it has spicy and dried fruit notes and a distinct and pleasant after taste.

SALAME FELINO PGI – ERMES FONTANA

A ruby red, the slices feature a medium-grained texture with the right balance between lean and fatty parts, a soft sweet and savoury taste, excellent after taste.

HUNGARIAN SALAMI – COATI

bright red with fatty spots, delicate fine-grained texture, it echoes a spicy aroma and a light smoky note, a tasty chew and an excellent pleasant finish.

MILAN SALAMI – COATI

it has an ideal balance of lean and fat parts, its fine-grained texture echoes a spicy aroma which is also present in its taste, intense and full-bodied flavour.

SPECK PGI – PFITSCHER

a spicy aroma and a pleasant smoky flavour, enclosed in pinkish white fat, a pleasant full-bodied flavour, and lingering taste on the finish.

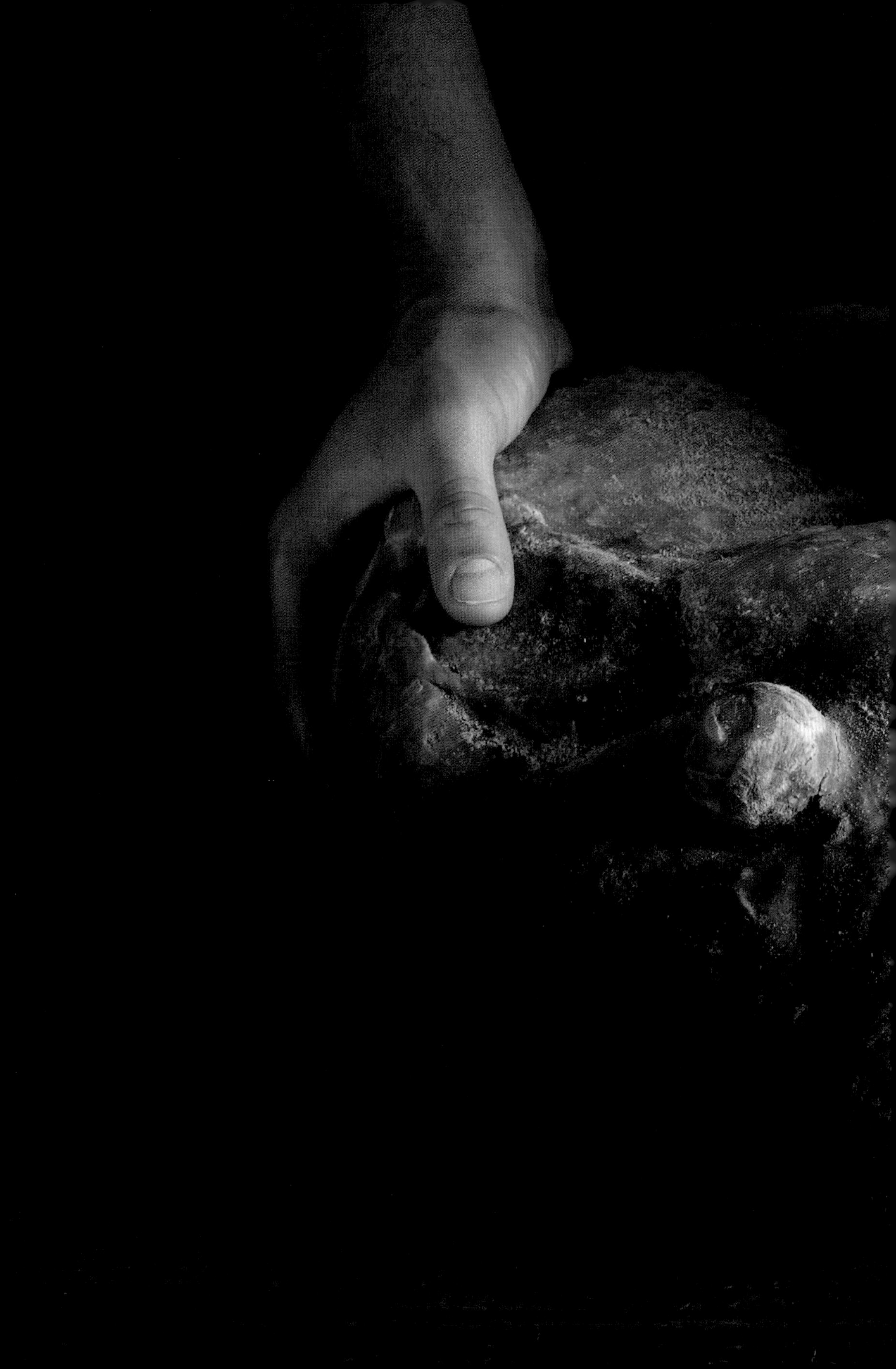

PROSCIUTTO DI PARMA DOP — *PROSCIUTTO DI PARMA PDO*

Dolce, speziato, affumicato e saporito, tagliato a coltello o con l'affettatrice, stiamo parlando del prosciutto crudo a denominazione. In Italia vengono realizzati 11 prosciutti a denominazione tra cui 8 DOP e 3 IGP.

PROSCIUTTI DOP

- Prosciutto di San Daniele DOP;
- Jambon de Bosses DOP;
- Prosciutto di Cuneo DOP;
- Prosciutto Veneto Euganeo DOP;
- Prosciutto di Parma DOP;
- Prosciutto di Modena DOP;
- Prosciutto Toscano DOP;
- Prosciutto di Carpegna DOP.

PROSCIUTTI IGP

- Prosciutto di Sauris IGP;
- Prosciutto di Norcia IGP;
- Prosciutto Amatriciano IGP.

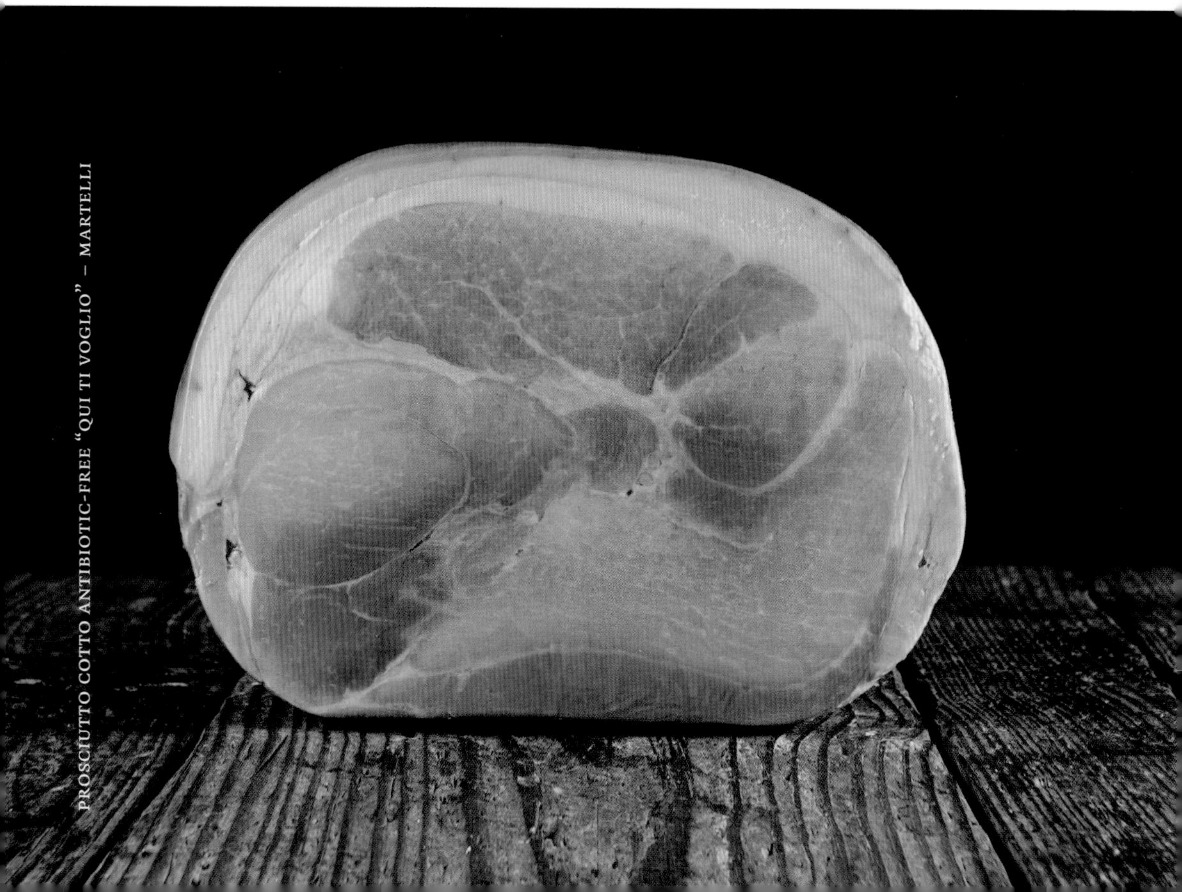

PROSCIUTTO COTTO ANTIBIOTIC-FREE "QUI TI VOGLIO" – MARTELLI

Sweet, spicy, smoked and tasty, it can be cut with a knife or with a slicer, we are talking about Prosciutto with protected designation. In Italy, 11 types of prosciutto with protected designation are produced, eight with PDO and three with PGI.

PDO PROSCIUTTO

- prosciutto di San Daniele PDO;
- Jambon de Bosses PDO;
- Prosciutto di Cuneo PDO;
- Prosciutto Veneto Euganeo PDO;
- Prosciutto di Parma PDO;
- Prosciutto di Modena PDO;
- Prosciutto Toscano PDO;
- Prosciutto di Carpegna PDO.

PGI PROSCIUTTO

- Prosciutto di Sauris PGI;
- Prosciutto di Norcia PGI;
- Prosciutto Amatriciano PGI.

PROSCIUTTO TOSCANO DOP — *PROSCIUTTO TOSCANO PDO*

☞ L'abbinamento tradizionale *is back!*

Gioioso, sorprendente e attuale, l'abbinamento è figlio di antiche civiltà e popoli in movimento, un interesse nato in modo graduale a partire dai Greci e dagli Etruschi passando per i Romani, a loro modo tutti precursori del matrimonio tra cibo e vino. Erano proposte sommarie e certamente meno articolate di oggi ma già presenti sulle tavole del Mediterraneo. Testimonianze importanti ci arrivano anche dalle regole della Scuola Medica Salernitana che nel Medioevo includeva la materia del vino non solo come ingrediente curativo ma anche per accompagnare i pasti.

Successivamente, passando dal Rinascimento fino ai primi del Novecento la cultura dell'abbinamento ha disegnato tecniche sempre più affinate e precise, comprensibili e centrali per la qualifica dei contesti di ristoro. Nell'era moderna grazie ai corsi di formazione e alla divulgazione del verbo, workshop e appuntamenti mirati, sono stati fatti passi decisivi in termini di principi empirici per abbinare con efficacia vino e cibo.

Tra i passaggi più significativi ci sono l'abbinamento per concordanza che unisce i vini dolci con i dessert che trovano nel residuo zuccherino un punto di fusione gradevole, e quello per contrapposizione che prende in considerazione la carbonica e l'acidità dei vini frizzanti e spumanti in opposizione alla grassezza di alcuni salumi come: mortadella, ciauscolo e lardo.

Con il nuovo Millennio, il punto più alto per una continua esplorazione in fatto di accostamenti enogastronomici è stato toccato dall'indagine avanguardista di Heston Blumenthal, chef anglosassone di fama mondiale, che ha portato alla luce grazie al suo intuito e alla collaborazione del chimico François Benzi della Firmenich, il complesso mondo del *food pairing* esteso successivamente al *wine pairing.*

Una nuova frontiera capace di esaltare e decifrare abbinamenti insoliti e ben riusciti grazie allo studio molecolare degli ingredienti utilizzati, un percorso pionieristico che ha prodotto un database ispezionabile sul sito www.foodpairing.be a disposizione di chef, sommelier, appassionati e operatori di settore. Tra gli abbinamenti più sorprendenti ricordiamo il cioccolato bianco con caviale e il gelsomino con il fegato di maiale.

In breve, nel 2010 ero più giovane e meno disincantato, e dopo aver conquistato il titolo di Master Sommelier con borsa di studio all'Alma di Colorno, scuola internazionale di cucina italiana allora guidata dal maestro Gualtiero Marchesi, ho provato a indagare, catalogare e ricercare gli abbinamenti più disparati e andare oltre ai preconcetti nati a tavolino e

PARMIGIANO REGGIANO DOP – *PARMIGIANO REGGIANO PDO*

Torta Fritta, burro e Culatello
di Zibello DOP con Fortana del Taro IGT

*Fried cake, butter and Culatello di Zibello
PDO with Fortana del Taro IGT*

☞ The most classic food pairing is back!

Joyful, surprising and modern, this pairing can be traced back to ancient civilizations and nomadic people, an interest developed gradually among the Greeks and the Etruscans, and then the Romans; all of them in their own way precursors of the marriage of food and wine. The choice was certainly not as varied and refined as today, but they were already present on the tables of Mediterranean people. Important evidence also comes from the rules of the Medical School of Salerno that in the Middle Ages recommended the use of wine not only as a medicament but also to accompany meals.

Centuries later, from the Renaissance to the beginning of the twentieth century, the culture of pairing has introduced increasingly refined and precise techniques, comprehensible and central to the identity of bars and restaurants. In the modern era, thanks to training courses and the dissemination of the sacred art, workshops and specific events, there have been important advances in terms of empirical rules to effectively pair wine and food.

Two of the most significant examples are the pairing by concordance, pairing sweet wines with desserts whose taste merges pleasantly with the residual sugar of the wine, and the pairing by contrast which takes into account the carbonic maceration and the acidity of sparkling wines in contrast with the fat of some cured meats such as mortadella, ciauscolo and lard.

With the beginning of the new century, the peak of this continuous exploration of food and wine pairings was reached through the avant-garde studies of Heston Blumenthal. The internationally renowned British chef, thanks to his intuition and the collaboration with chemist François Benzi of Firmenich, put the spotlight on the complex world of food pairing, and subsequently wine pairing.

A new frontier capable of devising and enhancing unusual and successful combinations through the molecular study of the ingredients used, a pioneering project that has led to the creation of a database, available on the website www.foodpairing.be to chefs, sommeliers, wine enthusiasts and industry operators. Among the most surprising pairings, it is important to mention white chocolate with caviar, and jasmine with pork liver.

In short, in 2010 I was younger and less disenchanted. So, after graduating with the title of Master Sommelier with a scholarship from the

non a tavola, ma in conclusione posso affermare che storia e abbinamenti fanno giri enormi e poi ritornano al punto di partenza, e non a caso risulta sensato in questa occasione affidarci alla tradizione italiana che ci ha consegnato accostamenti favolosi tramandati di generazione in generazione, forse non sempre precisi, ma è un vero piacere assaporare la storia di un territorio grazie al vino e al cibo, come accade in Emilia nella patria della salumeria mondiale.

A partire dall'Ottocento passando dalle opere del maestro Giuseppe Verdi, tra nebbia d'inverno e afa d'estate nella bassa parmense il Culatello di Zibello DOP con torta fritta viene abbinato al Fortana, un vinello frizzante e abboccato servito fresco che si fonde a meraviglia con gli aromi terziari di cantina.

Sempre in Emilia la michetta con la mortadella trova un'accoppiata felice con il lambrusco di Sorbara DOC sapido e fragrante. Lipidi e carbonica trovano l'equilibrio grazie all'esercizio di contrapposizioni anche se degustati con un calice di Spergola, un vitigno a bacca bianca apprezzabile nella tipologia Metodo Classico da ricercare nel comprensorio di Canossa nelle colline di Reggio Emilia.

Ancora, un altro suggestivo abbinamento tradizionale ci viene tramandato dalla bellissima Toscana grazie al pane sciapo con la Finocchiona e il Chianti Classico che si compensano per struttura e persistenza. A Panzano in Chianti l'istrionico macellaio Dario Cecchini e Giovanni Manetti – patron di Fontodi – sono fedeli custodi di questa storica merenda. Provare per credere.

Al sud tra i Monti Lattari a pochi passi dalla Costiera Amalfitana cresce l'autoctono Per'e Palummo o Piedirosso, un vino rosso elegante che in genere viene accostato a tutta la produzione norcina locale compresa la soppressata, un'accoppiata immancabile durante le festività pasquali.

Superati i confini tradizionali è possibile sperimentare abbinamenti fuori dal coro, l'importante è cercare l'equilibrio tra il vino e il salume senza dimenticare speziatura, sapidità, stagionatura, ed eventuali companatici. Come sostengo da sempre non è importante la lunghezza dell'abbinamento ma la qualità del punto di fusione palatale tra pietanza e vino.

In questa ottica consiglio di provare salumi a lunga stagionatura come alcune coppe o pancette piacentine artigianali con i mitici Sauternes e tipologie simili per un incontro dolce-sapido mirabile, ma se avete voglia di volare dovete stappare le vendemmie tardive di Gewürztraminer, Muscat Ottonel e Riesling di scuola Alsaziana con gli insaccati a base di

Michetta, Mortadella Favola Gran Riserva
con Lambrusco di Sorbara DOC

Michetta, Mortadella Favola Gran Riserva
with Lambrusco di Sorbara DOC

Tigella, Prosciutto Crudo Barrique,
Parmigiano Reggiano DOP e Aceto Balsamico
con Spergola EMILIA IGP Metodo Classico

Tigella, Prosciutto Crudo Barrique,
Parmigiano Reggiano PDO and Balsamic Vinegar
with Spergola EMILIA PGI Metodo Classico

Alma international school of Italian cuisine of Colorno, at the time led by chef Gualtiero Marchesi, I tried to research, catalogue and ideate the most disparate pairings and go beyond preconceptions, more fit for an office than a kitchen. But in conclusion, I can say that the more history and pairings change, the more they stay the same. It comes as no surprise then, that the wisest choice in this case is to rely on the Italian tradition which has given us excellent pairings handed down from generation to generation; perhaps not always precise, but it is a real pleasure to taste the history of a place through its typical wines and food as it happens in Emilia, home of the world's best cured meats.

Starting from the nineteenth century, passing through the works of Giuseppe Verdi, between winter fog and summer heat in the southern province of Parma, the Culatello di Zibello PDO with fried cake is paired with the Fortana, a dry sparkling wine served fresh that wonderfully absorbs the tertiary aromas of fermentation in the cellar. Also in Emilia, the michetta with mortadella was nicely paired with the saline and fragrant Lambrusco di Sorbara DOC. Lipids and carbon dioxide find a balance thanks to this contrast, also when tasted with a glass of Spergola, a white grape variety appreciated in the Metodo Classico version produced in the territory of Canossa in the hills of Reggio Emilia.

Then another delicious traditional pairing comes from the beautiful Tuscany where the structure and persistence of the Chianti Classico exalts the taste of no-salt bread with finocchiona. In Panzano in Chianti, the histrionic butcher Dario Cecchini and Giovanni Manetti – owner of Fontodi – are the faithful custodians of this historic merenda. Try it for yourself.

In the south, in the Lattari Mountains not so far from the Amalfi Coast, there is the native Per'e Palummo or Piedirosso grape variety. It produces a refined red wine that is usually paired with all the local charcuterie products, including the soppressata – a must-try pairing during the Easter holidays.

Pushing beyond one's comfort zone, it is possible to experience innovative exceptional pairings, the important thing is to try to find the balance between wine and cold cuts, always taking into account spiciness, sapidity, ageing, and any accompaniments. As I always say, what is important is not the length of the pairing but the quality of the experience of food and wine melting together in your mouth.

fegato di suino, cercate l'antico insaccato in Abruzzo o andate al rinomato ristorante Villa Maiella da Peppino Tinari. Poi vi aspetto per i complimenti!

☞ E per gli amanti delle birre?

La freschezza di Lager e Pilsner, birre a bassa fermentazione e dal grado alcolico contenuto, accompagnano bene i salumi non troppo stagionati di ordinaria fattura come prosciutti cotti, salame milano, salame ungherese e würstel.

Alzando i toni gustativi, le birre ad alta fermentazione tra cui la tipologia IPA (Indian Pale Ale) della colonia indiana e la Porter di origine inglese con una maggiore intensità olfattiva e gustativa, trovano spazio con il carattere fumé di speck e salumi friulani dove l'affumicatura è parte integrante della cultura norcina locale.

☞ Cocktails & Mixology

Popolari e iconici, in aperitivo non manchino Negroni e Americano con tutta la salumeria classica. Manhattan e mixology speziata con i salumi da suino nero italiano ed europeo.

Sabatino Sorrentino

In this regard, I recommend trying long-aged, cured meats such as the artisan coppa or pancetta of Piacenza with the legendary Sauternes, and similar cold cuts for an incredible mix of sweet and savoury flavours. But if you are looking for a real treat, you must uncork a bottle of the late harvests of Gewürztraminer, Muscat Ottonel and Riesling from the Alsatian school and try them with pork liver sausages. Look for the traditional cold cuts of Abruzzo or eat at the renowned Villa Maiella restaurant by Peppino Tinari. Trust me, you will not be disappointed.

☞ And what about beer enthusiasts?

The fresh Lagers and Pilsners, low-fermentation beers with low alcohol content, go well with typical fresh cured meats such as ham, Milan salami, Hungarian salami and Vienna sausage.

Regarding more refined beers, high fermentation beers including the IPA (Indian Pale Ale) from colonial India and the Porter of English origin offer a more intense olfactory and gustatory experience; they can be paired with the strong smoked flavour of speck and Friulian cured meats, where smoking is an integral part of the local charcuterie culture.

☞ Cocktails & Mixology

Popular and iconic, an aperitif should always include a Negroni or an Americano served with all the most classic cold cuts. Manhattan and spicy mixology with Italian and European black pork cured meats.

FINGER FOOD CON I MIGLIORI SALUMI D'ITALIA

The best Italian cured meats for finger food

Melone bianco al martini dry
e Prosciutto di Parma DOP 24 mesi Ferrari

White melon with Dry Martini and Prosciutto di Parma PDO 24 months Ferrari

Gnocco fritto con Culatta di Busseto
16 mesi IBIS e salsa al rafano

Fried gnocchi with Culatta di Busseto
16 months IBIS and horseradish sauce

Michetta con Prosciutto di Parma DOP 24 mesi Ferrari

Michetta with Prosciutto di Parma POD 24 months Ferrari

Tuorlo d'uovo, pan brioche, ristretto di carne
e Prosciutto Cotto San Giovanni Capitelli

*Egg yolk, white bread, meat broth
and San Giovanni Capitelli ham*

Bresaola con mille foglie di sedano rapa alla soia

Bresaola and celeriac mille-feuille with soy

Crostino di pastafillo, crema di zucca e Culatello di Zibello DOP

Filo pastry crouton, pumpkin cream and Culatello di Zibello PDO

Bombolone alle erbe con Speck IGP
Pfitscher e crema al rafano

Herb dough ball with Speck PGI
Pfitscher and horseradish cream

Vignarola dell'orto, burro ai capperi
e bruscandoli con Pancetta 24 mesi Bettella

Cooked vegetables, caper and hops butter
with Pancetta 24 months Bettella

Crostino alla pizzaiola con Prosciutto
di Parma DOP 24 mesi Ferrari

*Crouton alla pizzaiola with Prosciutto
di Parma PDO 24 months Ferrari*

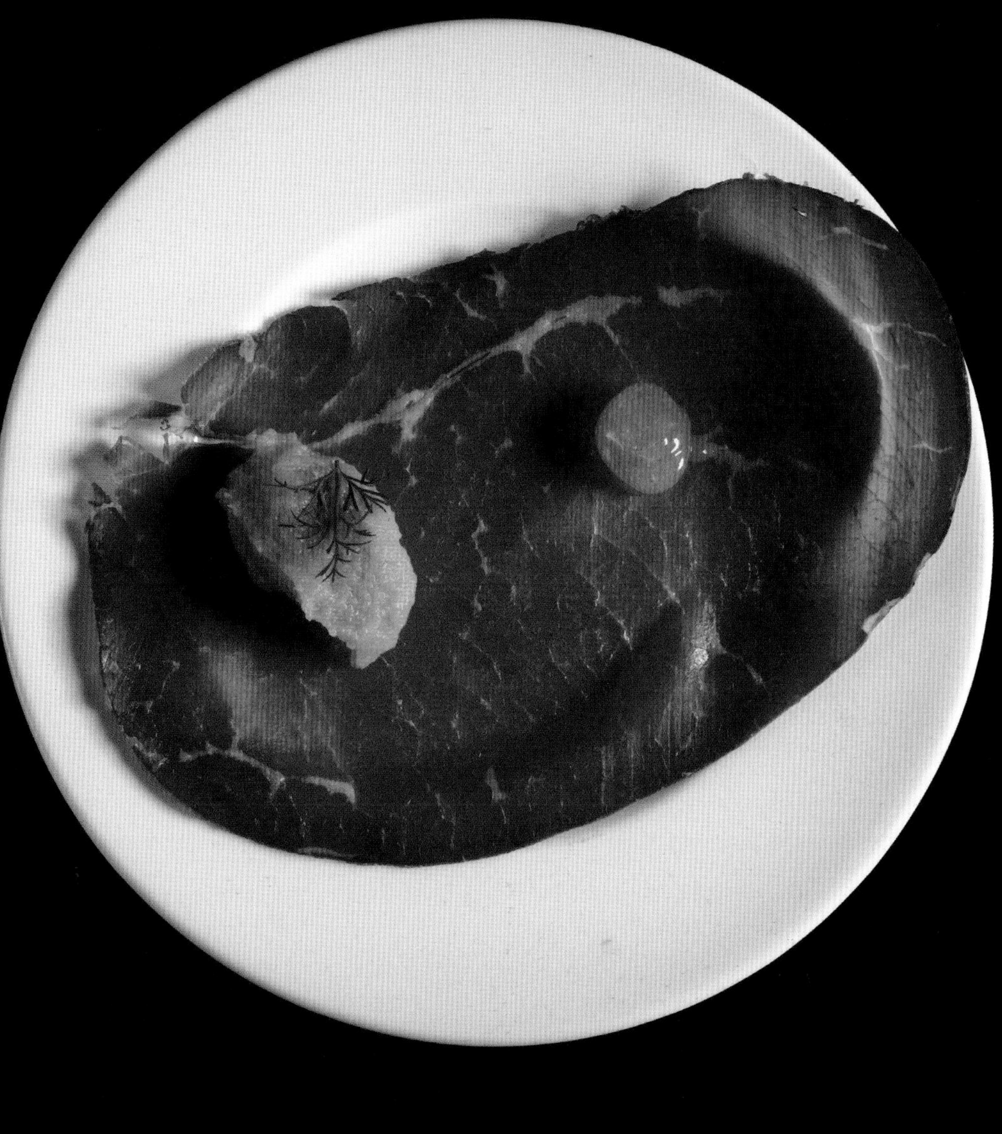

Chutney di carote con Bresaola IGP
Paganoni e gel al pompelmo

Carrot chutney with Bresaola PGI
Paganoni and grapefruit jelly

Rosetta con spirulina, maionese alla senape
e Salame Felino IGP Ermes Fontana

Uovo Soffice, asparagi
e Prosciutto Crudo Barrique Galloni

Rosetta with spirulina, mustard mayonnaise
and Salame Felino PGI Ermes Fontana

Soft egg, asparagus and Prosciutto
Crudo Barrique Galloni Ham

Polenta grigliata con pesto
di arachidi e Speck IGP Pfitscher

Grilled polenta with peanut pesto
and Speck PGI Pfitscher

Mortadella Favola Gran Riserva Palmieri con spugna al parmigiano e aceto balsamico

Mortadella Favola Gran Riserva Palmieri with Parmesan sponge and balsamic vinegar

Crocchetta di patate, Prosciutto Crudo Audax 30 mesi Ruliano e gel di prosciutto

Potato croquettes, Prosciutto Crudo Audax 30 months Ruliano and ham jelly

Crema leggera al wasabi, pistacchi salati
e Mortadella Favola Gran Riserva Palmieri

Light wasabi cream, salted pistachios and
Mortadella Favola Gran Riserva Palmieri

Air bag con Prosciutto Crudo Perex Suctum 24 mesi Ruliano e tartufo nero

Air bag with Prosciutto Crudo Perex Suctum 24 months Ruliano and black truffle

Risotto, cavolfiore, croccante di Guanciale Amatriciano SANO

Risotto, cauliflower, crispy Guanciale Amatriciano SANO

Torta di patate, fontina
e Guanciale Amatriciano SANO

*Potato cake, fontina cheese and
Guanciale Amatriciano SANO*

Involtino di Bresaola Bio Primitiva Paganoni,
sedano e salsa cagliata al pepe e cipollina

*Roll of Breasola Bio Primitiva Paganoni,
celery, black pepper curd sauce and chives*

Spuma di baccalà
con polvere di caffè e nocciole
e Pancetta 24 mesi Bettella

Cod mousse with coffee
powder, hazelnuts and
Pancetta 24 months Bettella

Spuma di mozzarella di bufala
con Prosciutto Cotto San Giovanni
Capitelli e San Marzano candito

Buffalo mozzarella mousse with
Prosciutto Cotto San Giovanni Capitelli
and candied San Marzano tomato

BIBLIOGRAFIA E SITOGRAFIA

Bibliography and sitography

BIBLIOGRAFIA

- ☞ AA.VV., *Globalizzazione alimentare e gastronomia*, Accademia Italiana della Cucina, Milano, 2001.
- ☞ P. Audenino, *Milano e l'esposizione internazionale del 1906: la rappresentazione della modernità*, Franco Angeli, Milano, 2008.
- ☞ AA.VV., *Mercati e Consumi. Organizzazione e qualificazione del commercio in Italia dal XII al XX secolo,* Edizioni Analisi, Bologna, 1986.
- ☞ AA.VV., *Storia del Commercio italiano*, Fabbri Editore, Milano, 1978.
- ☞ AA.VV., *I pani d'Italia,* Le Guide de l'Espresso, GEDI, Roma, 2021;
- ☞ *I salumi d'Italia*, Le Guide de L'Espresso, GEDI, Roma, 2020.
- ☞ G. Ballarini, A. Salarelli, E. Tamani, *I Cantarelli: storia e mito della cucina italiana,* Accademia Italiana della Cucina. Delegazione di Parma, Gazzetta di Parma, 2013.
- ☞ M. Douglas, *In the active voice,* Routledge & Kegan Paul, Londra, 1982.
- ☞ G. L. Beccaria, *Misticanze. Parole del gusto, linguaggi del cibo*, Garzanti, Milano, 2009.
- ☞ C. Benporat, *Storia della gastronomia italiana*, Mursia, Milano, 1990.
- ☞ M. Calvesi, *Il Futurismo. La fusione della vita nell'arte*, Fabbri Editori, Milano, 1975.
- ☞ A. Capatti, Montanari M., *La cucina italiana. Storia di una cultura*, Laterza, Roma-Bari, 1999.
- ☞ P. D. Curtin, *Mercanti. Commercio e cultura dall'antichità al XIX secolo,* Editori Laterza, Bari, 1988.
- ☞ A. Giannitrapani, Luca D. (a cura di), *Forme della cucina siciliana,* STAR7, Asti, 2020.
- ☞ A. Grignaffini, *Nel nome del padre*, in *I Cantarelli. Storia e mito della cucina Italiana*, Gazzetta di Parma, 2013.

☞ M. Guarnaschelli Gotti, *Grande enciclopedia illustrata della gastronomia*, Mondadori, Milano, 2007.

☞ V. Lapertosa, *Dalla fame all'abbondanza: gli italiani e il cibo nel cinema italiano dal dopoguerra a oggi*, Lindau, Torino, 2002.

☞ E. Marinato, Salimbeni L., *Terra di Pane*, Edizioni Plan, Loreto, 2020.

☞ F.T. Marinetti, Fillia, *La cucina futurista*, Sonzogno, Milano, 1932.

☞ J. I. Miller, *Roma e la via delle spezie. Dal 29 a. C. al 641 d. C.*, Giulio Einaudi Editore, Milano, 1974.

☞ M. Montanari, *Il cibo come cultura*, Editori Laterza, Roma, 2004;

☞ *L'identità italiana in cucina,* Il nocciolo 63., Editori Laterza, Bari, 2011.

☞ G. Rebora, *La civiltà della forchetta. Storie di cibi e di cucina*, Laterza, Roma-Bari, 2002.

☞ C. Robustelli, Frosini G., *Storia della lingua e storia della cucina. Parola e cibo: due linguaggi per la storia della società italiana*, Franco Cesati Editore, Firenze, 2009.

☞ G. Signore, *Storia delle abitudini alimentari. Dalla preistoria ai fast food*, Tecniche Nuove, Milano, 2010.

☞ G. Tomasi di Lampedusa, *La Sirena*, Feltrinelli, Milano, 2014.

SITOGRAFIA

☞ https://www.etimo.it/

☞ https://www.salumi-italiani.it/

☞ http://pompeiisites.org/sito_archeologico/casa-con-botteghe/

☞ https://sergiograsso.com/

☞ https://www.academia.edu/3660693/Lora_della_merenda_Regimi_alimentari_e_significazione
Marrone G., L'ora della merenda. Regimi alimentari e significazione.

☞ https://www.taccuinigastrosofici.it/ita/news/contemporanea/usi--curiosita/storia-del-panino.html

☞ https://www.clubmilano.net/it/citta/michetta-storia-del-piu-famoso-pane-milanese/

☞ https://www.consorziopiadinaromagnola.it/storia-piadina-romagnola/

☞ https://roma.corriere.it/notizie/cronaca/20_aprile_05/alimentari-vicinatotorna-vecchia-bottega-5049b20a-7697-11ea-91b2-6c33b390094b.shtml

BIOGRAFIA E RINGRAZIAMENTI

Biography and thanks

Sabatino Sorrentino, classe 1976, nasce a Pagani (SA) e cresce a Sant'Egidio del Monte Albino un piccolo borgo medievale in provincia di Salerno. Nella sua carriera vanta collaborazioni con importanti editori italiani per la stesura di libri e riviste del settore enogastronomico. Tra gli altri – La Repubblica, L'Espresso, Spirito di Vino, VITAE A.I.S.

È appassionato di arte contemporanea, vini pregiati, salumi e *wine pairing.*

La svolta della sua vita arriva nel 1997 quando si trasferisce ad Albinea nelle prime colline di Reggio Emilia dove vive e lavora. È felicemente sposato con Rossella l'amore della sua vita, e padre di Federica e Francesca.

Da venticinque anni è titolare del ristorante Eco del Mare di Albinea (RE). Dopo i primi passi nella ristorazione si innamora del mondo del vino e nel 2008 conquista il titolo di sommelier professionista.

Sabatino Sorrentino was born in 1976 in Pagani (SA) and grew up in Sant'Egidio del Monte Albino, a small medieval village in the province of Salerno. Throughout his career he has collaborated with important Italian publishers writing content for books and magazines relating to the food and wine sector. These include: La Repubblica, L'Espresso, Spirito di Vino, VITAE A.I.S.

His great passions are contemporary art, fine wines, cured meats and wine pairing.

The turning point in his life occurred in 1997 when he moved to Albinea in the hills of Reggio Emilia where he still lives and works. He is happily married to Rossella, the love of his life, and is the father of Federica and Francesca.

For the last twenty-five years, he has been the owner of the Eco del Mare restaurant in Albinea (RE). After an initial experience in the catering sector, he fell in love with the world of wine and in 2008 won the title

Nel 2010 all'Alma di Colorno (PR) scuola internazionale di cucina Italiana alla 1° edizione del Master "La Gestione e la comunicazione del vino" viene insignito del titolo di Master Sommelier con borsa di studio firmata Gualtiero Marchesi.

Dal 2012 è Presidente di Gurus srl studio di consulenza enogastronomica e dal 2013 è titolare e Curatore del progetto *Guida Salumi d'Italia,* prima guida italiana di settore.

Nel 2014 riceve il premio DIRE, FARE, SOGNARE, un riconoscimento alla cultura enogastronomica della Regione Emilia Romagna.

Nel giugno 2016 organizza una mostra inedita con 55 opere esposte nella Biblioteca di Albinea in memoria del Maestro d'Arte Alberto Manfredi e Sergio Manetti produttore del prestigioso vino "Le Pergole Torte" di Montevertine.

Nel 2016 ha fatto parte del comitato scientifico del libro *Il Sommelier Contemporaneo* di Andrea Grignaffini (italiangourmet).

Nel maggio 2017 in occasione della fiera Tuttofood di Milano ha ideato il primo "Tasting Theatre" rassegna dei migliori salumi d'Italia.

Nel medesimo anno, è stato co-curatore della guida *Ristoranti vini e salumi Friuli-Venezia Giulia 2017* de Le Guide de L'Espresso.

Dal 2017 al 2020 è stato co-autore della Guida Vini de l'Espresso e nel 2021 in Via Crocioni di Albinea ha dato vita allo spazio Gurus Lab, un salotto del vino dedicato al *wine pairing.*

RINGRAZIAMENTI

Un sentito ringraziamento agli amici che hanno profuso impegno per la realizzazione di questo libro.

Per la produzione dei pani: Molino Denti Albinea; Sandra Arcidiacono, Alessandro Bresciani.

Per il racconto delle Spezie: Europrodotti Concorezzo (MB); Marco Volturno; Osmar Gnani.

Per le farine: sono state utilizzate le referenze Selezione Denti per la linea panificazione e le farine Infibra.

of professional sommelier. In 2010, he was awarded the title of Master Sommelier with scholarship signed by chef Gualtiero Marchesi from the Alma di Colorno (PR) international school of Italian cuisine during the 1st edition of the specialist course "La Gestione e la comunicazione del vino".

Since 2012, he has been the president of Gurus srl, a food and wine consultancy firm, and from 2013, the owner and curator of the *Guida Salumi d'Italia,* the first Italian guide to the charcuterie sector.

In 2014, he received the DIRE, FARE, SOGNARE award that celebrates the food and wine culture of Emilia Romagna.

In June 2016, he organised a special exhibition with 55 works exhibited in the Library of Albinea in memory of the Master of Art Alberto Manfredi and Sergio Manetti, producer of the prestigious wine "Le Pergole Torte" of Montevertine.

In 2016, he was a member of the scientific committee for the book *Il Sommelier Contemporaneo* by Andrea Grignaffini (italiangourmet). In May 2017, during the Tuttofood fair in Milan, he invented the first "Tasting Theatre" with a collection of the best Italian cured meats.

In the same year, he was co-curator of the guide *Restaurants, wines and cured meats of Friuli-Venezia Giulia 2017* published by L'Espresso as part of their Guide series.

From 2017 to 2020, he was co-author of the Guide to Wines by L'Espresso, and in 2021 he created the Gurus Lab space in Via Crocioni in Albinea, a wine lounge dedicated to wine pairing.

ACKNOWLEDGEMENTS

We would like to express our heartfelt thanks to the friends who worked hard to make this book possible.

For the production of bread: Sabrina Denti; Molino Denti Albinea; Sandra Arcidiacono.

For the history of spices: Europrodotti Concorezzo (MB); Marco Volturno; Osmar Gnani.

For flours: the Selezione Denti references for the bakery line and Infibra flours were used.

Realizzato e prodotto in Italia
Finito di stampare nel mese di ottobre 2022

Made and produced in Italy
Printing closed in October 2022

marettimanfredi.it
INSTAGRAM: marettimanfrediedizioni
FACEBOOK: Maretti e Manfredi Edizioni